Carl Brun

Jacques Louis David und die Französische Revolution

Carl Brun

Jacques Louis David und die Französische Revolution

ISBN/EAN: 9783743365001

Hergestellt in Europa, USA, Kanada, Australien, Japan

Cover: Foto ©ninafisch / pixelio.de

Manufactured and distributed by brebook publishing software (www.brebook.com)

Carl Brun

Jacques Louis David und die Französische Revolution

Programm

der

Höhern Töchterschule und des Lehrerinnen-Seminars

in Zürich

Schuljahr 1889/90

Literarische Beigabe:
Jacques-Louis David und die französische Revolution.
Von
Carl Brun.

Als Einladung zu den am 21. und 22. März stattfindenden Repetitorien.

Zürich
Druck von Friedrich Schulthess
1890

Jacques-Louis David und die französische Revolution.*
Von Carl Brun.

Im August 1787 schrieb Goethe, der damals in Rom weilte, die folgenden Sätze nieder: „Eine bedeutende Epoche in dem regsamen Kunstleben machte die Ausstellung der französischen Akademie zu Ende des Monats. Durch Davids Horatier hatte sich das Übergewicht auf die Seite der Franzosen hingeneigt."[1] Es war noch die 1666 gestiftete römische Malerakademie Ludwigs XIV., von welcher der Dichter hier spricht und der Jacques-Louis David als preisgekrönter Schüler der Pariser Ecole des Beaux-Arts eine Reihe von Jahren angehörte. Welchen Einfluss übte diese Akademie auf die Entwickelung der französischen Kunst des vorigen Jahrhunderts aus? Diese Frage muss beantwortet werden; denn um die Wirkungen zu verstehen, ist es nöthig, die Ursachen kennen zu lernen. Welche Bedeutung haben die Akademien überhaupt für die bildenden Künste? Im Alterthum und im Mittelalter kannte man keine Akademien im heutigen Sinne des Wortes; sie kamen erst im 17. Jahrhundert auf, als die Kunst im Niedergange begriffen war. Sie sollten den Verfall verhindern, haben ihn aber in Wirklichkeit beschleunigt. Fabelhafte Summen verschlangen die Akademien, um Resultate zu erzielen, die in keinerlei Verhältniss zu den Ausgaben standen. Sie waren hohe Schulen der Pedanterie und des Eklekticismus, setzten an die Stelle des intimen Wechselverkehrs zwischen Meister und Schüler den Classenunterricht und wähnten, auch den technischen Theil der Kunst, welcher in der guten alten Zeit, wo sie noch zünftig war, wie ein Handwerk von Hand zu Hand ging, auf

---

* Ein akademischer Vortrag, gehalten im Rathhaus zu Zürich am 5. December 1889.

theoretische Weise vom Katheder herab lehren zu können. Lehrstühle für Perspective, Anatomie und Ästhetik mögen von Nutzen sein, die praktische Seite lässt sich nur durch eigene Anschauung, mit Pinsel und Palette, vor der Staffelei erwerben. Die Akademien nahmen der Kunst ihren Hauptreiz, die Naivetät und die Unmittelbarkeit. Allzu häufig wurden sie gegründet ganz bestimmter Tendenzen willen! Die Akademie von San Luca des Carlo Maratta verfolgte den Zweck, der damals sehr zeitgemässen niederländischen Kleinmalerei entgegenzutreten, die Akademie Ludwigs XIV. leitete die französische Kunst bewusst auf höfische Bahnen über. Die Sprache wird von Staats wegen verflacht, Preisaufgaben wie diese: „Welche Tugend des Königs ist am bewunderungswürdigsten?" stehen an der Tagesordnung. Es herrscht das Königtum von Gottes Gnaden, und ihm ist alles tributpflichtig. Die Künstler nehmen regen Antheil an der Bewegung der Geister und haben vollauf zu thun, um das Staatsoberhaupt und den Hof zu befriedigen, der hohen Stellung, die ihnen eingeräumt ist, zu genügen. Sie waren den Einflüssen von Oben mehr ausgesetzt als die Dichter, welche, aus dem Innern schöpfend, wie z. B. Racine in der „Athalie", wenigstens bisweilen eine männliche Sprache führten. Den Künstlern ward die Schmeichelei zur zweiten Natur, und sie bedienten sich ihrer, um die Gunst des Monarchen zu gewinnen. Es ist möglich, dass sich unter den Dichtern die grösseren Individualitäten befanden; darüber, dass die Bilder eines Lebrun einen weit höfischeren Charakter haben als die Theaterstücke eines Corneille und Racine, kann niemand in Zweifel sein.

Lebrun ist derjenige Meister, dessen Werke für die Malerei der zweiten Hälfte des 17. Jahrhunderts typisch sind[2]. Um das Gesagte zu illustriren, sei auf seinen Alexandercyklus hingewiesen. Natürlich sollte sich in diesen Compositionen die Zeitgeschichte Ludwigs widerspiegeln; im „Einzuge Alexanders in Babylon"[3] verherrlichte Lebrun die Thaten seines Königs. Im Alexander bewunderte Ludwig sich selbst. Das Volk, welches dem Sieger opfert, ihm zujubelt, es ist das französische Volk, das sich vor der absoluten Monarchie verneigt. Das Bild muthet uns an wie eine Allegorie auf das Wort des Monarchen: „L'état c'est moi". Die Nike auf dem Scepter des Triumphators, es ist die Siegesgöttin Frankreichs; die Schlachtenbilder, die den

Triumphwagen des Herrschers schmücken, es sind die Siege Ludwigs. Der Reichthum der Trophäen, der Paläste, der unbedingte Gehorsam der Unterthanen, die herbeieilen, ihren König zu sehen, all' das hat sich in seinen Dienst begeben und ist nur dazu da, Ihn zu vergrössern. Und nehmen wir ein anderes Bild Lebruns, ein Deckengemälde, die „Apotheose Ludwigs" [4]. In einem Wagen, den die Rosse Aurora's ziehen, und der von der Göttin selbst gelenkt wird, sitzt Ludwig mit der Allongeperücke auf dem Haupte und blickt auf sein Volk herab, wie wenn er sagen wollte:

„Dies Alles ist mir unterthänig,
Gestehe, dass ich glücklich bin."

Minerva reicht ihm die Krone, die Göttin der Morgenröthe spendet ihm Kranz und Palmzweig. Im Vordergrunde Fama, welche in die Posaune stösst, das Lob des Herrschers zu verkünden, und zwei Frauen, die sich anschicken, den Inhalt eines gewaltigen Füllhorns — die Früchte der guten Regierung! — über die Menschheit auszugiessen. Die Gruppe ist geschickt aufgebaut und füllt den Raum, für den sie da ist, gut aus. Würde spricht aus der Figur des Monarchen, Grazie aus den Gestalten der Göttinnen. Dem Künstler mag es auch Ernst gewesen sein mit seiner Apotheose, wir jedoch, die wir das Ende des absoluten Königthums in Frankreich kennen, sehen in dem Bilde eine geschminkte Lüge. Wir wissen, wie die Früchte dieser guten Regierung beschaffen waren!

Die Kunst im Zeitalter Ludwigs XIV. ist ihrem innersten Wesen nach rhetorisch und phrasenhaft. Viel Pomp und Gespreiztheit, wenig Gefühl. Es fehlte den Malern nicht an der nöthigen Phantasie, an den Kenntnissen, die Phantasie zu leiten und ihr die Formen des classischen Alterthums, wie sie sie verstanden, zur Verfügung zu stellen; es fehlte ihnen aber dafür die Unbefangenheit und infolge dessen jede tiefere, ursprüngliche Empfindung. Es ist dem französischen Theater von damals hohles Pathos vorgeworfen worden; nicht so sehr der Literatur, wie der Malerei war es eigen. Die Maler giengen ganz im Declamatorischen auf und liessen sich vom Scheine statt von der Wahrheit beherrschen. Selbst dem Portrait wird der natürliche Zauber genommen. Während Rembrandt seine Tochter als einfaches bürgerliches Mädchen malt, dem die angeborne Grazie und Schönheit genügt, macht Mignard[3] aus seinem Kinde eine Fama und giebt ihm die Posaune in die Hand, durch die es den Ruhm des Erzeugers verkünden soll. Die Menschen spielen Verstecken, sie wollten mehr scheinen, als sie in Wirklichkeit waren. Jeder trachtete danach, seine Person nach Kräften auszustaffiren, seine Alltäglichkeit von sich zu streifen, wenn er vor die Welt trat. Die Gesellschaft geht auf Stelzen und nimmt die Steifheit des Alexandriners an. Kein Schritt wird gethan, ohne auf Ludwig zu schauen, um den sich alles dreht. Von ihm gehen die Strahlen aus, auf ihn fallen sie zurück. Einem orientalischen Monarchen gleich spendet der König seinem Volke, je nach Laune, Regen und Sonnenschein. Ein strenges Hofceremoniell ist eingeführt, jede freie Bewegung unmöglich. Würde und Ausdruck werden verlangt, aber beides, die Würde wie der Ausdruck, sind blosse Masken, hinter denen Falschheit steckt. Elisabeth Charlotte von Orleans äussert in einem Briefe: „Alles ist nicht Golt was glentzt undt wass man auch von der frantzöschen libertet prallen mag, so seindt alle Divertissementer so gezwungen undt voller contrainte, das es nicht auszusprechen ist."[6]

* * *

Auf die Dauer ward das pomphafte, steife Wesen den Franzosen unerträglich; sie sehnten sich nach einer neuen Tracht und lechzten danach, die Etikette zu sprengen. Man hoffte auf den Tod des alternden Monarchen. Ludwig XV. kam und mit ihm als Regent der wüste Philipp von Orleans, unter dem eine grenzenlose Sittenlosigkeit bei Hofe einriss. Alle Fesseln wurden gelöst, im Leben wie in der Kunst, die sich als Sklavin auch dem neuen Fetisch zu Füssen warf. Frankreich kam vom Regen in die Traufe. Es tanzte wie auf einem Vulcan. Der Boden war unterwühlt, und diejenigen, welche auf diesem Boden standen, waren die dem Untergang geweihten, welche für ihre eigenen Sünden und die Sünden der Väter zu büssen hatten. Es war ein Geschlecht von Sodom und Gomorrha, dem die Kunst unter Ludwig XV. Knechtesdienste that, und die Maler, welche ihre Pinsel entweihten, die, wie Boucher für das berüchtigte Cabinet secret der Pompadour, obscöne Themata variirten, verdienen um so mehr unsern Tadel, als sie zu den talentvollsten aller Zeiten gehören. Der Hauptvertreter des Rococostils in der Malerei ist

Watteau, ein Mann von eminentem Können[7]. Lebendig führt er uns in die damalige Gesellschaft ein. Er ist so recht der Darsteller der feinen Welt, die sich langweilt, und um der Langenweile zu entgehen, Theater spielt, Carnevalscherze und Schäferidyllen aufführt. Die Costüme seiner Figuren sind entlehnt, die Träger derselben haben sie umgehängt, um sich zu vergessen; sie spielen mit ihnen Comödie. Es sind Adelige, diese Bauern, die nur bäuerliche Tracht angenommen haben, um jedes Zwanges ledig zu sein, wie Jean und Jeannette in der reizenden Rococonovelle Théophile Gautiers. Da wird von Liebe, Schönheit und Glück in den Bildern Watteaus gesungen, zu den Tönen der Guitarre, die schmucke Burschen spielen, und Männlein und Fräulein ergehen sich in wonniger Landschaft, pflücken die Rosen, so lange sie noch blühen, und athmen die balsamische Luft eines milden Sommerabends. Das Genre der „Fêtes galantes" gelingt Watteau am besten. Wir sehen, wie die Schönen sich in der Kunst zu lieben unterrichten lassen", wie sie sich in Paaren nach der Insel Cythera einschiffen, die der Aphrodite geweiht ist[9]. Blühende Mädchen drängen sich zu, um von der Wahrsagerin die Zukunft zu erfahren, venetianische Nächte werden veranstaltet, die Vergnügungen eines „bal champêtre" lockend dargestellt. Watteau starb zu früh, er hat den Verfall des Rococo, wenn man überhaupt, um mit Springer zu reden, vom Verfall einer von Haus aus gesunkenen Kunst sprechen kann, nicht miterlebt. Den Verfall bezeichnet Boucher[10]. Wir bewundern an ihm die Virtuosität, die leichte Hand, wir stossen uns an seiner Willkür und Ausschweifung, an seiner krankhaften, überreizten Phantasie. „Je ne sais que dire de cet homme-ci", sagt Diderot. „La dégradation du goût, de la couleur, de la composition, des caractères, de l'expression, du dessin, a suivi pas à pas la dépravation des mœurs. Que voulez-vous que cet artiste jette sur la toile? ce qu'il a dans l'imagination; et que peut avoir dans l'imagination un homme qui passe sa vie avec les prostituées du plus bas-étage? La grâce de ses bergères est la grâce de la Favart dans „„Rose et Colas""; celle de ses déesses est empruntée de la Deschamps. Je vous défie de trouver dans toute une campagne un seul brin d'herbe de ses paysages. J'ose dire que cet homme ne sait vraiment ce que c'est que la grâce; j'ose dire qu'il n'a jamais connu la vérité; j'ose dire que les idées de délicatesse, d'honnêteté, d'innocence, de simplicité, lui sont devenues presque étrangères; j'ose dire qu'il n'a pas vu un instant la nature, du moins celle qui est faite pour intéresser mon âme, la vôtre, celle d'un enfant bien né, celle d'une femme qui sent; j'ose dire qu'il est sans goût" [11]. — Auch unter den Künstlern regte sich die Opposition. Ein Bundesgenosse der Encyklopädisten war Jean Baptiste Siméon Chardin[12], der, sich dem Einflusse keines Meisters hingebend, zur Natur zurückkehrte. „Tous voient la nature", ruft Diderot aus[13], „mais Chardin la voit bien et s'épuise à la rendre comme il la voit. Prenez le plus petit tableau de cet artiste et vous y trouverez le grand et profond coloriste. Chardin est un vieux magicien à qui l'âge n'a pas ôté encore la baguette. Il ne faut à Chardin qu'une poire, une grappe de raisin pour signer son nom ex ungue leonem." — Neben Chardin steht Jean Baptiste Greuze[14], der seinen Landsleuten ein Sittenrichter, ein Moralprediger sein will. Seine Gemälde sind Seitenstücke zu den bürgerlichen Dramen Diderot's, und wo Diderot Greuze lobt, spendet er sich im Grunde selbst Lob. Greuze erreichte nicht viel mit seinen Predigten. Ob er in düstern Farben das Elend, welches der Trunkenbold über seine Familie bringt, die Schrecken der Armuth, in hellen die Liebe der Kinder zu ihren Eltern, die Werke der Wohlthätigkeit schildert, die Gesellschaft blieb, was sie war, verlogen, wollüstig und grausam. Hof und Adel kümmerten sich nicht ums Volk, das vom Nöthigsten entblösst war, kannten kein Mitleid; das Volk in seinem Elend seinerseits verfluchte die privilegirten Stände. Wie konnte in solchen Zeiten die Kunst volksthümlich sein? Sie war für die Fürsten, den Hof und den Adel da und theilte deshalb auch die Schicksale der Krone. Die Kunst hatte dem Willen der Besteller nachzuleben, musste sich den Launen der Grossen dieser Welt fügen. Es fehlte ihr der belebende Hauch des mütterlichen Bodens, die Möglichkeit der freien Entwickelung. Die Kunst war Luxusartikel der Vornehmen, eine Modesache geworden, mittelst derer die Begüterten der Eitelkeit und Prunksucht fröhnten, und als mit sintfluthlicher Gewalt die Wellen der Revolution über der greisenhaften Gesellschaft Ludwigs XV. zusammenschlugen, da begruben sie auch die Kunst, welche der getreue Ausdruck dieser Gesellschaft war.

* * *

Voltaire schreibt im Siècle de Louis XIV.: „Les académies sont sans doute très-utiles pour former les élèves, surtout quand les directeurs travaillent dans le grand goût: mais si le chef a le goût petit, si sa manière est aride et léchée, si ses figures grimacent, si ses tableaux sont peint comme les éventails; les élèves, subjugués par l'imitation ou par l'envie de plaire à un mauvais maître, perdent entièrement l'idée de la belle nature. Il y a une fatalité sur les académies: aucun ouvrage qu'on appelle académique n'a été encore en aucun genre, un ouvrage de génie. Presque tous les artistes sublimes, ou ont fleuri avant les établissements des académies, où ont travaillé dans un goût différent de celui qui régnait dans ces sociétés." Der Dichter der „Henriade" trifft den Nagel auf den Kopf. Die Akademie, der Stolz der Minister Ludwigs XIV., durch die dieselben die nationale Kunst zu heben wähnten, ist gerade Schuld gewesen, dass die Kunst auf conventionelle Pfade gerieth. An die Stelle des lebendigen Gesetzes stellte die Akademie ein todtes System, an die Stelle der freien Bewerbung die Bevorzugung Einzelner. Tyrannisch führte sie ihr Scepter und erliess Privilegien. 1767 verweigerte sie Greuze die Betheiligung am Salon, weil er die akademischen Würden noch nicht empfangen hatte. Ihre Vorsitzer waren Pygmäen, die sich an elende Statuten klammerten. Eine Rangordnung war eingeführt. Es gab Officiere der Akademie, eigentliche Akademiker und die sogenannten Agregirten. Die Officiere hatten Stimmrecht, die Akademiker berathende Stimme, die Agregirten durften nicht einmal den Sitzungen beiwohnen. Als nun die revolutionären Ideen von Freiheit, Gleichheit und Brüderlichkeit in den Köpfen der Menschheit zu gähren anfingen, wurden die Akademien die Zielscheibe der Künstler. „Nieder mit den Akademien!" rief man bereits vierzehn Tage nach dem Ausbruch der Revolution. „Les académies ont toujours été les lanternes sourdes des tyrans!" „Les académiciens sont les chanoines des sciences, de la littérature et des arts!" Mit solchen Sätzen und ähnlichen griffen Publicum und Presse die Bastille des Geistes an. Im Schoosse der Akademie selbst bildete sich ein Sonderbund. Chamfort veröffentlichte sein Pamphlet: „Des académies" und versetzte der Körperschaft, welcher er doch ebenfalls angehörte, den Todesstoss. Die Bewegung theilte sich auch der Nationalversammlung mit. Am 24. August 1790 legte Abbé Bourdon den

Entwurf zu einem Decret die Malerakademie betreffend auf den Tisch[15]. Er verlangte, dass nicht nur die Officiere, sondern alle Mitglieder der Akademie, welche Einwendungen gegen die Statuten zu machen haben, aufgefordert werden, einen neuen Reglementsentwurf einzureichen. Die Anregung findet keine Gnade vor der Versammlung, diese geht, auf Antrag des Abbé Gouttes, zur Tagesordnung über. Am 21. September sodann überweist eine neu zu gründende Centralakademie der Maler, Bildhauer, Stecher und Architekten der Nationalversammlung eine Adresse, welche auf Statutenrevision der alten Akademie abzielt.[16] Die Klugen unter den Künstlern sehen das Gewitter kommen und sind bestrebt, von ihren Privilegien zu retten, was noch zu retten ist, allein die Intransigenten auf beiden Seiten wollen keine Compromisse. Eine Liga von dreizehn Malern gibt eine Denkschrift gegen die Akademie heraus, diese bleibt die Antwort nicht schuldig und verwahrt sich besonders gegen die Idee einer Centralakademie; die alte Akademie will die Stecher und Architekten unter keinen Umständen in ihre Körperschaft aufnehmen. Inzwischen finden die Künstler einen mächtigen Fürsprecher in dem berühmten Archäologen Quatremère de Quincy, der in seinen „Considérations sur les arts du dessin" die Akademien „un séminaire éternel d'incurables préjugés" nennt. „Il proscrit, fügt er hinzu, toute espèce de lutte d'opinions, il frappe d'interdiction tout esprit novateur." Wie stellte sich nun David zu diesem Kampfe? Er stand an der Spitze der Liga der dreizehn, an der Spitze der aus derselben hervorgegangenen „Commune des arts". Die Revolution hatte ihn mit in ihren verhängnissvollen Strudel hineingerissen. Ein gewaltiger Ehrgeiz beseelte David, eine seltene Energie des Willens war ihm eigen. Er sah sich im Geiste schon als Reformator der Kunst, was lag ihm näher, als sich zur Verwirklichung seiner Ideale als fanatischen Republikaner auszuspielen? Er strebte nach politischem Einfluss, um die Akademie, die er hasste, und der er längst den Fehdehandschuh hingeworfen hatte, mit um so durchschlagenderem Erfolge bekämpfen zu können. Er wurde am 17. September 1792 Mitglied des Convents, eine Zeit lang, vom 5. bis 21. Januar 1794 sogar Präsident desselben. Wohl hatte die Akademie den Künstler am 7. Juli 1792 zum Professor ernannt; als sie ihn aber 1793 mahnte, sich auf seinen Posten zu begeben, antwortete er stolz und lakonisch: „Je fus autrefois de l'académie.

David, député à la convention nationale." Der Mann, der vor dem Convent eine Petition lebhaft unterstützte, die darauf hinauslief, die Akademien aufzuheben, konnte nicht anders antworten. David ruhte nicht eher als bis er die Akademie vernichtet hatte. Sie war sein Ceterum censeo! In der Petition heisst es „que toutes les académies ayant un régime déterminé par des statuts pleinement aristocratiques et étant entièrement opposées à tous les principes constitutionnels, ne peuvent subsister avec la liberté." Hinter David verschanzte sich die akademische Jugend. Sie zurückzugewinnen, das hätten die leitenden Kreise versuchen sollen. Statt dessen thaten sie alles, um die Krise zu verschärfen. Die Säle der Akademie wurden geschlossen, die gewohnten 60,000 livres zum Zweck des Bilderankaufs von Seiten des Königs, Dank dem kurzsichtigen „directeur général des bâtiments", für das Jahr 1791 verweigert. In der Motivirung war gesagt, die Civilliste reiche nicht einmal hin, den Thieren der Menagerie seiner Majestät das nöthige Futter zu verschaffen. In dem gleichen Jahre setzte die Legislative dadurch, dass sie das freie und allgemeine Ausstellungsrecht proclamirte, die Akademie schachmatt. Der Salon wurde diesmal gegen ihren Willen eröffnet und bedeutete einen vollständigen Sieg der durch David auf den Schild gehobenen künstlerischen Ideen. Seitdem hat David seinen Process so gut wie gewonnen und beginnt der Todeskampf der Akademie. Am 8. August 1793 decretirte der Convent, nach einer langen Philippica des Künstlers, die Aufhebung sämmtlicher Akademien[17].

* * *

Die Aufhebung der Académie des Beaux-arts ist das grosse Ereigniss im äussern Kunstleben zur Zeit der französischen Revolution. Wurde es auch später wieder rückgängig gemacht, die Kunst Louis XV., welche in der Akademie getroffen war, konnte nicht mehr zurückgenommen werden. Jetzt übte David auf dem Gebiete der bildenden Künste eine förmliche Dictatur aus, und mit ihm herrschte ein neuer Geist. Es war vielfach ein Geist der Verneinung; Revolutionen pflegen ja in erster Linie zersetzend zu wirken, sie zerschneiden rücksichtslos den geschichtlichen Faden, der sie mit der Vergangenheit verbindet. Es muss gesagt werden, nicht nur, indem sie die Idole der Akademie beseitigte, bethätigte sich die Revolution in destructiver Weise, auch in der

Zerstörung und Verschleuderung der Werke früherer Jahrhunderte leistete sie Unerhörtes. Die Kirchenschätze wurden verkauft, die öffentlichen Monumente, wie die Reiterstatuen der Könige, zerschlagen. Mit Mühe rettet Dussault die Porte Saint-Denis und Saint-Martin, mit knapper Noth werden die beiden historischen Glocken von Notre-Dame vor dem Einschmelzen bewahrt; unzählige andere fallen dem Schmelztiegel anheim, um in Canonen umgegossen zu werden. In der Schreckenszeit ist es besonders auf die Kirchen abgesehen, die man in schändlicher Weise entweiht. Ihr Silberschatz verschwindet, in den Chören erblickt man an Stelle der Altarbilder Jacobinermützen. Was von Gemälden, Stichen, Handzeichnungen, Sculpturen, seltenen Büchern und Edelsteinen damals zu Grunde gieng, davon macht man sich keinen Begriff.[18] Die Privatsammlungen der Königlichen und Emigranten kommen theils auf die Gant, theils auf den Scheiterhaufen, selbst das alte Getäfer in den Schlössern schlagen die Vandalen herunter, um Feuer damit anzufachen. Nancy und Verdun thun sich in dem Vernichtungskampfe besonders hervor, in wenigen Tagen übergeben diese beiden Städte Bilder und Kunstwerke im Werthe von mehreren hunderttausend Franken dem sichern Feuertode.[19] Schliesslich wurden die Ausschreitungen selbst dem Convente zu toll, der ein gegen die Wuth des Pöbels gerichtetes Verbot erliess. Allein, die er rief, die Geister, ward er nun nicht los! Er war ja, an seiner Spitze David, mit schlechtem Beispiele vorangegangen. Hatte David nicht am 21. November 1792 die Zerstörung der Büsten Ludwigs XIV. und XV. in der römischen Malerakademie verlangt? Gab er nicht am 17. Brumaire 1793, als er den Antrag stellte, ein geschmackloses Monument auf der Place du Pont-neuf zu errichten, indem er ausrief: „Que les débris tronqués des statues des rois forment un monument durable de la gloire du peuple et de leur avilissement," offen seiner Freude über die Zerstörung der Königsstatuen Ausdruck? Die Hochfluth des Vandalismus war nicht mehr zu dämmen, jetzt war eingetreten, was die viel verschriene Akademie der Maler und Bildhauer vorhergesehen hatte. In der Adresse, welche sie am 6. October 1790 an die Nationalversammlung richtete[20], ist schüchtern darauf aufmerksam gemacht, dass der Verkauf der Kirchengüter die Nation unter Umständen einer grossen Anzahl Meisterwerke des Pinsels und Meissels beraube und wird die Ernennung von Commissären verlangt, deren

Aufgabe darin bestehen sollte, über die historischen Alterthümer des Landes zu wachen. Wir sind es denjenigen Franzosen, welche bestrebt waren, der culturfeindlichen Arbeit der Revolution Einhalt zu gebieten, schuldig, ihre Namen zu nennen. Am 4. Oct. 1790 legte ein gewisser Puthod der Nationalversammlung eine Adresse vor, die sich im Wesentlichen mit der Adresse der Künstler deckt und dem „Comité d'aliénation des domaines nationaux" zugewiesen wurde. Puthod will die Kirchen und Klöster sicherstellen. „Bientôt les monastères ne seront plus. Il faut exiger un relevé de toutes les inscriptions, légendes, épitaphes, tombeaux et autres monuments quelconques." Alexandre de Lameth antwortete: „Il est essentiel de ne pas détruire les monuments précieux. Ces monuments enlèveraient aux sciences les objets qui peuvent servir à leur progrès et surtout à la connaissance des faits historiques; réunis au contraire, ils formeront un des recueils les plus intéressants de l'Europe."[21] — Das war vernünftig gesprochen, jedoch in einer Zeit, wo der Zerstörungswahnsinn mehr und mehr um sich griff, hörte niemand auf die Sprache der Vernunft. Revolutionen bekämpfen selten bloss die Ideen der Vergangenheit, sie vergreifen sich in den meisten Fällen auch an den äussern Spuren derselben. Man denke nur an die in gewisser Hinsicht für die Kunst ebenfalls verhängnissvollen Folgen der Reformation, an die Folgen der durch Savonarola heraufbeschworenen culturfeindlichen Reaction gegen die Mediceer am Ende des 15. Jahrhunderts!

*   *   *

Doch es ist Zeit, dass wir uns fragen, welche neuen Impulse hat die französische Revolution der Kunst gegeben, worin liegt die bleibende Bedeutung Davids, in wiefern ist David bahnbrechend gewesen? Gewöhnlich meint man, sein Hauptverdienst bestehe in dem Betonen antiker Formen. David war jedoch nicht der Erste, der dies that; es lässt sich eine antikisirende Strömung in der französischen Kunstgeschichte schon lange vor ihm nachweisen. Die Blicke Frankreichs waren bereits im 16. und 17. Jahrhundert nach Rom gerichtet, Poussin, der mit Vorliebe antike Stoffe behandelt, lebte fast ausschliesslich in Rom. Und ist die französische Akademie daselbst nicht gerade gegründet worden, um den Malern Gelegenheit zu geben, die Antike an Ort und Stelle kennen zu lernen? Das Ideal im Zeitalter Ludwigs XIV. war ebenfalls die

Antike, in der Literatur wie in der bildenden Kunst. Allerdings eine missverstandene Antike! Molière spricht, indem er die Malereien in der Kirche von Val-de-Grâce besingt, von den kostbaren Schätzen, welche Mignard vor unseren Augen ausbreitet, „Que le *Tibre* l'a vu ramasser sur ses bords." Er vergleicht den Künstler mit Zeuxis und Apelles und findet, er genüge, wie diese, den drei Haupterfordernissen der Malerei: der Erfindung, dem Colorit und der Zeichnung. Die Kraft der Erfindung wurde ihm als Gottesgabe in die Wiege gelegt, die Zeichnung ist ihm eigen „Dans la manière grecque et dans le goût romain",

„Qui, prenant d'un sujet la brillante beauté,
En savait séparer la faible vérité,
Et formant de plusieurs une beauté parfaite,
Nous corrige par l'art la nature qu'on traite."[22]

Die Meister der Renaissance werden so nebenbei erwähnt. Molière rühmt die Farbenscala Mignards und nennt Giulio Romano, Caracci, Raffaël und Michelangelo „les Mignards de leur siècle". Die Zeit Ludwigs entnahm der Antike mit Vorliebe die monarchisch-heroischen Stoffe; sie entfaltete besonders gerne orientalischen Pomp. Mit Ludwig XV. wurde das anders, nun tritt der mythologische Apparat in den Vordergrund. Aber wie bediente man sich seiner! Mit der grössten Willkür, wie sie eben der geistreichen Rococokunst eigen war. Der Rococostil bedeutet die vollständige Auflösung der gesetzlichen Formen. Suchte der Barockstil seine Wirkungen noch im Grossen, so streben die Rococoformen das Graziöse, Gezierte, Zierliche, das Picante und Lüsterne, das Geschlängelte an. Die geraden Linien lösen sich in gewundene auf und die Flächen werden zum Tummelplatz der phantastischsten Ornamentik. Wer den Rococostil verstehen lernen will, greife zum Kunsthandwerk. Überall die Neigung für das Gekrümmte, Verschlungene, die Abneigung gegen das architektonisch Structive und Feste. Die Antike ist leerer Schein, reiner Vorwand geworden. Aber schon während der Regierung Ludwigs XV. erfolgte die Reaction. Gegen 1750 wird das Interesse für die classische Welt von neuem rege. Man fing an, sich mit antiquarischen Dingen zu befassen, die Geschichte der Alten zu studiren, in theoretisch-kritischer Weise ihre Kunst zu erörtern. De Brosses giebt eine Geschichte der römischen Republik heraus und schreibt über Herculanum, Graf Caylus unternimmt seine grossen Reisen und reiht den Memoiren der Akademie der Inschriften eine archäologische Abhandlung nach der andern ein. Die Architekten fangen an, Vitruv zu Rathe zu ziehen, nach einem der Antike entlehnten Schema zu bauen und das Gute hat die Rückkehr zur antiken Kunst auch in der Architektur bewirkt, dass diese nach den Verirrungen des Rococo, sich stützend auf eine bessere Kenntniss, richtigere Formen anstrebte, Gebälkglieder und Säulenordnungen correcter zu handhaben wusste. Soufflot, der Erbauer des Pantheon, der Herausgeber der Tempel von Pästum, starb 1781, mithin vor dem Ausbruch der Revolution. Bereits 1763 schreibt denn auch Grimm: „Seit einigen Jahren beginnt man antike Ornamente und Formen aufzusuchen. Der Geschmack hat dabei nur gewonnen, die Vorliebe dafür ist so allgemein geworden, dass jetzt alles à la grecque gemacht wird. Die innere und äussere Decoration der Häuser, die Meubel, die Kleiderstoffe, die Goldschmiedearbeiten tragen sämmtlich den Stempel des Griechischen an sich. Von den Architekten wandert die Mode in die Putzläden; unsere Damen sind à la grecque frisirt, unsere feinen Herren würden sich für entehrt halten, wenn sie nicht eine boîte à la grecque in den Händen hielten."

*　*　*

So standen die Dinge, als David in die Kunstgeschichte eintrat. Man war zum Nüchternen, zum Steifen, Geraden Harten zurückgekehrt und hatte alte Fäden wieder angesponnen. 1789 erreichte das falsche Römerthum und die Graecomanie bereits den Höhepunct. Jetzt wurden zwar die monarchisch-heroischen Stoffe in den Hintergrund gedrängt; statt zu ihnen griffen die Künstler zu Stoffen aus der Zeit der griechischen und römischen Republik. Auch David war auf die römisch-republikanische Idee angewiesen, verdankte er ihr doch seine ersten Erfolge. Wir würden uns aber täuschen, wenn wir annehmen wollten, David habe seine Stoffe sich selbst gewählt. Sie lagen gewissermaassen in der Luft. Das Römerthum war den Leuten in Fleisch und Blut übergegangen. Es hat seinen Antheil an der Revolution. Die Literatur des 17. Jahrhunderts, Corneille und Racine, Boileau und Bossuet leisteten ihm Vorschub, und um seine Dichter kümmerte sich das Volk mehr als um die Philosophen, es verstand sie besser als die Beredtsamkeit Rousseau's, die Logik Montesquieu's und den Witz Voltaire's. „Wir waren, schreibt Nodier[23], auf den eigenthümlichen Ton der

Revolutionssprache mehr vorbereitet, als man glauben sollte, und es kostete uns nicht viel Arbeit, von den Studien unserer Gymnasien zu den Kämpfen des Forums überzugehen. Auf den Schulen z. B. gab es Preisaufgaben der Art: Wer höher stehe, der ältere Brutus, der seine Kinder oder der jüngere Brutus, der seinen Vater richtete, und so haben Livius und Tacitus mehr gethan, das monarchische System zu zerstören als Voltaire und Rousseau."

Wie wir dem Citate Goethe's entnahmen, war David 1787 bereits ein berühmter Mann, der die Kunst seines Volkes bestimmte, und dessen Werke einen Enthusiasmus erregten, wie vielleicht die Werke weniger Meister vor ihm. Im Salon von 1781 stellte er Belisar[24] und das Reiterporträt des Grafen Potocki aus, Diderot äussert: „Ce jeune homme montre de la grande manière dans la conduite de son ouvrage, il a de l'âme; ses têtes ont de l'expression sans affectation, ses attitudes sont nobles et naturelles; il dessine[25]. Der Salon von 1783 enthielt die „Andromache, welche den Leichnam Hektors beweint". „C'est le tableau de réception de l'auteur et sans contredit un des plus beaux tableaux exposés cette année," heisst es in der Correspondance littéraire[26]. 1785 drängte sich das Volk um den Schwur der Horatier. Der Stoff war dem Künstler gegeben. Das Bild wurde in Paris componirt[27], in Rom gemalt, es trägt das Datum 1784. Als der alte Pompeo Battoni es im Atelier Davids sah, rief er entzückt aus: „Tu ed io soli siamo pittori, pel rimanente si puo gettarlo nel fiume." In Paris war der Erfolg geradezu unerhört, alle Kritiker waren einig im Lobe, es sprach eben das Pathos der vor der Thüre stehenden Revolution aus den Horatiern[28]. Auf den „Schwur der Horatier" folgte 1787 „Sokrates Tod", „qui suffirait seul pour soutenir, pour relever l'honneur de l'école francaise[29]," auf „Sokrates" 1788 „Paris und Helena[30]," 1789 „Brutus[31]". Inzwischen ist die Revolution ausgebrochen, und der Brutus, den Ludwig XVI. bestellt hatte, durch den der König die Waffen, welche ihn schliesslich vernichteten, den Feinden selbst in die Hand legte, „Brutus" wurde vom Gouverneur des Salon d'Angevilliers refüsirt. Seine Autorität war jedoch zu schwach, der öffentlichen Meinung zu trotzen; wie die Aufführung Carls IX. von Joseph Chénier[32], konnte auch die Ausstellung des Brutus nicht hintertrieben werden. David's „Brutus", der als Vorbild der unbestechlichen Gerechtigkeit zu Füssen der Statue Romas die Lictoren empfängt, welche die

Leichname seiner in die monarchische Verschwörung verwickelten Söhne Titus und Tiberius ihm bringen, prophezeit den Ostracismus der kommenden französischen Republik und übte einen grossen Einfluss auf die Sitten und Moden der Zeit aus. Man begnügte sich nun nicht mehr damit, die alten Autoren zu lesen und ihre Erzählungen vom Heroenthum der Griechen und Römer im Bilde dargestellt zu sehen, man wollte sich selbst als Bürger der wiedererstandenen Roma fühlen. Man gieng ins Theater, um Talma declamiren zu hören. Man richtete sein Haus römisch ein, hüllte sich in die Toga des Römers, gewöhnte sich schon im täglichen Leben das rhetorische Pathos der Aftermuse Roms an. Die Frauen und Töchter der Künstler — unter ihnen befand sich auch die Gattin Davids — welche im September 1789 Einlass in die Nationalversammlung begehrten, um ihre Schmucksachen auf den Altar des Vaterlandes niederzulegen, liessen sich mit den römischen Weibern zur Zeit des Camillus vergleichen. Die Frauen wollen eine Rolle spielen, im antiken Sinne des Wortes, und treten aus ihrer Weiblichkeit heraus. Ihren Kindern geben sie griechische und römische Namen. Die Männer reden sich „Römer" an, „Oui, je l'aimais, Romains" ruft Coulon nach Mirabeaus Tode aus. Paris ist Rom. Auf der Bühne wird die Büste des Brutus derjenigen Voltaires gegenüber gestellt, und der Schauspieler sagt zum Publicum gewendet: „O buste révéré de Brutus, d'un grand homme, Transporté dans Paris tu n'as point quitté Rome." Und wie die Büste des Brutus auf dem Theater, erscheint diejenige des Mucius Scävola in den Cafés, welche die Pariser mit den Lyceen und Portiken vergleichen. Die Journalisten sind vom Gymnasium her noch voll von antiken Erinnerungen. In den Duellanten sehen sie Gladiatoren, den König nennen sie Claudius, die Königin Messalina. Agrippina und Cleopatra werden aufgefordert, sich vor Marie Antoinette zu verneigen; sie ist die wildeste der Bacchantinnen, ihr Gemahl Gott Bacchus, der Dauphin Cupido. Das Volk wird einmal als „député Populus", ein anderes Mal als Minotaur angesprochen. Neben den Journalisten nähren sich die Pamphletisten und Carricaturenzeichner von der Antike; letztere leisten in Rohheit und Unflätigkeit das Unglaubliche, nach Geist sucht man bei ihnen umsonst. Die Antike muss selbst herhalten, um Grausamkeiten und Laster zu beschönigen. Das Pariser Kupferstichcabinet besitzt eine Abbildung der Guillotine mit der

Unterschrift: „Eine ähnliche Maschine diente bei der Hinrichtung des Römers Titus Manlius," ein Diener nimmt sich das Leben und weist auf das leuchtende Vorbild Senecas hin. So sind alle Professionen und Stände, sogar die Dienenden, von der Graecomanie angesteckt; man glaubt sich Decius, man fühlt sich als Scipio und Fabius[33].

* * *

Kunstwerke pflegen die Spiegel der Zeiten zu sein, in welchen sie entstanden, die Bilder Davids können das Ende des vorigen Jahrhunderts nicht verleugnen. Das Pathos, welches die damaligen Franzosen anstrebten, die Theater-Posen, die sie annahmen und auf die sie sich etwas zugute thaten, wir finden alles das in Brutus und in den Horatiern wieder. David schnallte sich den Kothurn Talmas an, und sein Schwur der Horatier ist im Grunde eine Scene zu den Horatiern des Corneille. Der Umgang, den der Maler mit den Schauspielern hatte, war ebenso verhängnissvoll wie sein Verkehr mit der Antike. Liess er sich durch die 12 Bände römischer Studien, welche er auf Viens Rath hin in Rom ausführte[34], dazu verleiten, auf seinen Gemälden Figuren anzubringen, die einfach antiken Reliefs entlehnt waren, so machte andererseits sein Verhältniss zum Theater, das ihm die Gestalten vermittelte, welche er darzustellen hatte, diese, ohne dass er es merkte, zu Helden der Phrase. Also missverstandene, rein äusserliche Theaterantike, zur Zeit der Revolution wie in der französischen Kunst des 17. Jahrhunderts! Der Rococomalerei gegenüber ist die Kunst Davids, was die Phantasie betrifft, sehr im Nachtheil, das Verdienst, dass sie, Dank der Auswahl der Stoffe, reinigend gewirkt hat, kann ihr dagegen nicht abgesprochen werden. In die Kunst der Revolution wurde wieder ein ethischer Gehalt gelegt. Die Maler der Zeit betrachteten sie nicht mehr als ein blosses Amüsement für die höheren Stände, sie sahen zu ihr hinauf wie zu einer Göttin, deren Aufgabe darin besteht, das Volk zu erziehen, zu begeistern für edle Thaten, in ihm den Sinn für alles Schöne und Hohe zu wecken[35]. Man beachte die Themata, die den Bildern Davids zu Grunde liegen. In den Horatiern führt er uns ein Beispiel der Vaterlandsliebe des Einzelnen, die kein Hinderniss kennt, vor die Augen; selbst nicht die Liebe zur leiblichen Schwester, welche mit dem Feinde verlobt ist, vermag die

Horatier von dem Zweikampf mit den Curiatiern zurückzuhalten. Das Opfer, welches diese Männer Rom bringen, besteht in ihrer eigenen Person, und der Conflict ihres Herzens mit der Pflicht ist unermesslich gross. Im „Belisar" verherrlicht David die Werke der Barmherzigkeit und indem er dem Volke zuruft: „Date obolum Belisario!" ermahnt er es, sich niemals dem Undanke hinzugeben. Seine „Andromache" steht vor uns als ein Bild der Gattenliebe, seine „Sabinerinnen" (1799 vollendet) zeigen, wie durch das Weib die Sitten der Männer gemildert werden und ein Blutbad vermieden wird. David schildert in den Sabinerinnen die den Frauen zu verdankende Schlichtung des Streites der Männer[36]. Auch im „Tod des Sokrates" und im „Leonidas" ist die Absicht des Künstlers, durch das lebendig vor die Augen gestellte gute Beispiel auf seine Mitmenschen zu wirken, unverkennbar. Wie manchen erhebenden Fall echten Mannesmuthes sollte David während der Revolution selbst erleben, wie viele sollte er mit eigenen Augen schauen, die lieber durch die Guillotine fielen als ihre Überzeugung preisgaben. Die Einen giengen, wie Sokrates, gezwungen aus der Welt, die Anderen nahmen, um nicht in die Hände ihrer Henker zu fallen, wie Condorcet, Gift. Alle aber traten gleichsam verklärt in der Gestalt des Sokrates von neuem auf die Bühne. Und „Leonidas" (1814 vollendet), dieser herrliche Sang vom Heldenthume eines ganzen Volkes, das sich wie ein Mann erhebt, um die Heimath gegen die Invasion der Barbaren zu schützen, wie eignete sich dieser Stoff dazu, im Bilde vorgeführt, die Franzosen im Kampfe gegen die Verbündeten mit neuem Muth zu erfüllen? Davids „Leonidas" ist das letzte Gemälde, welches der Künstler, bevor er sich ins Exil begab, auf französischem Boden ausführte und es trägt das Datum 1814. Die Völkerschlacht bei Leipzig war geschlagen, die Verbündeten rückten in Frankreich ein, am 6. April 1814 musste Napoleon abdanken. Der „Leonidas" erschien den Franzosen also als ein Protest, wie eine Proclamation ans Volk, für das Vaterland mit allen Kräften einzustehen. Dürft Ihr nicht leben fürs Vaterland, so sterbt für dasselbe, damit auch Eure Schatten dermaleinst zu den Vorübergehenden reden, wie die Schatten der in den Thermopylen gefallenen Spartaner, die da sprachen: „O Fremdling, melde den Lacedämoniern, dass wir gefallen sind, indem wir ihren Befehlen gehorchten[37].

*   *

Neben der antikisirenden Richtung machte sich zur Zeit der Revolution noch eine andere geltend, nämlich das Streben nach Natur. Man war der Rococofrivolitäten überdrüssig geworden und sehnte sich nach arkadischen Zuständen. Die Menschheit suchte in der Einsamkeit der Mutter Natur die Hässlichkeit des täglichen Lebens zu vergessen. Im Zeitalter Ludwigs XIV. verhielten sich die Dichter, sehen wir von einigen Briefen der Madame de Sévigné ab, der Natur gegenüber kalt und ablehnend, in der Literatur des 18. Jahrhunderts dagegen hält sie plötzlich ihren Einzug. Rousseau schildert begeistert in der „Nouvelle Héloise" die Schönheiten des Genfersees und bricht eine Lanze für den englischen Garten gegen den Park Lenôtres, Salomon Gessner gibt seine Idyllen heraus, die auch in Frankreich Aufsehen erregen. Die Extreme berühren sich, bald tritt an die Stelle der Übercultur Gefühlsduselei. Für die bildende Kunst hat dieser Umschwung entschieden sein Gutes gehabt, er half den Boden bereiten, in dem die Keime neuen Lebens aufgiengen. David sah sich von der naturalistischen Strömung unwillkürlich fortgetragen, und sie entsprach auch seinem Talente im Grunde besser als die angelernte, ihm ursprünglich fremde Antike, der er sich mehr aus Mode als aus innerm Antrieb zugewandt hatte. Erst in dem Augenblick, wo er keck die Gegenwart anpackte, sich auf nationalen Boden stellte, in die Geschichte seiner Zeit eingriff, als Politiker, indem er, der Freund Robespierres, an der Schreckensherrschaft theilnahm, als Maler, indem er „Marats Tod", den „Schwur im Ballhause" behandelte, erst in dem Augenblick wurde David ein grosser Meister, der neue und bleibende Werke schuf. Bereits der Tod Lepelletiers de St-Fargeau gab dem Künstler Gelegenheit, das ihm bisher eigene rhetorische Pathos aufzugeben. Lepelletier, einer der vielen Deputirten, die für den Tod des Tyrannen gestimmt hatten, wurde am 20. Januar 1793 meuchlings von Paris, einem Leibgardisten des Königs, ermordet. Die Leiche Lepelletiers stellte man in Paris öffentlich aus, und der grausige Anblick erfüllte den Politiker David mit Zorn gegen den „schändlichen Tyrannen", dem sein College zum Opfer gefallen war, den Maler mit wilder Begeisterung. Er griff zu den Pinseln, die lange geruht hatten, und schon am 29. März übergab er dem Convente sein Bild, das als das Portrait „des ersten Märtyrers der Freiheit" im Sitzungssaale aufgehängt wurde. Am 13. Juli 1793 fiel Marat, das Ideal der Anarchie, Marat, der alle Greuelthaten, die nur eine krankhafte Phantasie auszudenken vermag, mit kaltem Herzen begieng. David präsidirte den Jacobinerclub, als die Nachricht von Marats Tode eintraf; er küsste den Bürger, der die heldenmüthige Charlotte Corday verhaftet hatte, ausser sich vor Schmerz über den gewaltsamen Tod des Scheusals, mit dem er befreundet war. Im Convent, der ganz unter dem Eindrucke des Ereignisses stand, erschienen Deputationen aus dem Volke, ihr Beileid über den schweren Verlust auszusprechen. Plötzlich hört man eine Stimme rufen: „Où es-tu, David? Tu as transmis à la postérité l'image de Lepelletier mourant pour la patrie, il te reste encore un tableau à faire." Lautlose Stille herrschte im Saale, nur das Schluchzen der Trauernden drang an das Ohr der Abgeordneten. Da erhebt sich David und sagt bewegt: „Oui, je le ferai". Am 11. October zeigte David dem Convente an, dass sein Marat fertig sei; am 24. Brumaire stellte er im Convente den Antrag, dem Freunde des Volkes die Ehren des Pantheons zu erweisen. Er selbst hatte ihm die grösseren Ehren in einer Weise erwiesen, die geradezu bahnbrechend für die französische Kunst genannt zu werden verdient. Davids Marat bedeutet für die französische Kunst ein neues Programm. Dies Gemälde ist ein Meisterwerk der Beobachtung, und der Mann, welcher es schuf, für den hatte die Natur keine Geheimnisse mehr. Er belauschte sie auf allen Wegen und Stegen. Er war ein ständiger Gast der Morgue, des Ortes in Paris, an dem die verunglückten und die gefundenen Leichname aufgebahrt werden. Er wohnte den Hinrichtungen bei und vertiefte sich in die convulsivischen Zuckungen der Muskeln der Guillotinirten. Er prägte sich das Spiel der Natur im Tode wie im Leben ein, und dass die ersten Werke des modernen Naturalismus gerade die Todeszuckungen des Menschen darstellen, ist charakteristisch für die Schreckenszeit, in welcher sie entstanden. „Marats Tod" ist ein grausames Bild, aber ein Bild, in dem sich eine ganze Epoche widerspiegelt. Es bringt den Fanatismus zum Ausdruck, der die damalige Menschheit in Frankreich beseelte. „Das Volk verlangte den Ermordeten zurück, wollte die Züge des treusten Freundes wiedersehen. Es rief mir zu", sagt David vor dem Convente, „ergreife Deine Pinsel, räche Marat, auf dass die Feinde erbleichen, wenn sie die verstörten

Züge des Mannes, der ein Opfer seiner Freiheitsliebe geworden ist, gewahren. Ich vernahm die Stimme des Volkes und gehorchte ihr!" Energische Wahrheit und Fülle des Ausdrucks rühmt Davids Biograph besonders an „Marats Tode", und mit Recht weist er auf die aus dem Gemälde sprechende Rückkehr des Künstlers zur Naivetät hin.

* * *

David hat für die neuste Kunstgeschichte auch deshalb eine so hervorragende Bedeutung, weil er eine endlose Reihe von Schülern heranzog. In das Verzeichniss derselben sind 428 Namen einzutragen, darunter Namen von Meistern ersten Ranges, wie Leopold Robert, David d'Angers, Gros, Ingres und Rude. In seinem Verhältniss zu den Schülern berührt uns David äusserst sympathisch[3k]. Der liebevolle Lehrer ist ein gutmüthiger Mensch, der uns den Schreckensmann vergessen lässt. In der Art, wie er mit den Schülern zu verkehren pflegte, ihnen die Grundsätze der Kunst vortrug, liegt auch das Geheimniss der grossen Wirkung der Lehre Davids. Wenn die französischen Maler des 19. Jahrhunderts bis in die neuste Zeit hinein aussergewöhnliche Erfolge erzielten, wenn die französische Kunst noch heute, was technisches Können anbelangt, obenan steht, wenn über alle anderen Schulen die französische weit hervorragt, so ist das zum grossen Theil das persönliche Werk Jacques-Louis Davids. Und wie weit über die Grenzen seiner Heimath hinaus hat dieser Mann gewirkt. Der deutsche Bildhauer Tieck, der Maler Gottlieb Schick sind aus dem Atelier Davids hervorgegangen, und das beste Zeugniss, das ihm als Lehrer je gegeben wurde, stellte ihm der Berliner Wilhelm Wach aus. Wach schreibt an Rauch am 24. Februar 1816[20]: „Die Sorgsamkeit der Franzosen und ihre Genauigkeit im Studium der Natur und der alten Monumente hat gerade durch den Eifer und die Hitze, mit der das Volk alles treibt, ihnen eine gewisse Beurtheilung aller Gemälde und Kunstwerke gegeben, dass man in dieser Hinsicht viel von ihnen lernen kann. Das Studium der Natur in dem Atelier ist sehr gut eingerichtet und besonders unter Davids Aufsicht, der so erschrecklich schwer zu befriedigen ist, ganz erstaunend unterrichtend, und es besitzen daher unter den angehenden Schülern viele eine so grosse Fertigkeit im Kopiren, Zeichnen und ganz praktischen Malen nach der Natur, dass ich, der ich in diesem Theile ziemlich unbewandert bin, sehr in Erstaunen gesetzt worden bin und es mich zur lebhaftesten Nacheiferung angefeuert hat."

Die Schreckenszeit, während welcher David zum epochemachenden Künstler heranwuchs, die naturalistische Zukunftssaat ausstreute, dauerte nicht lange. Robespierre wurde gestürzt, und mit ihm hatte auch David seine politische Rolle ausgespielt. André Dumont übernahm im Convent die Rolle des Anklägers. „Souffrirez-vous", rief er aus, „qu'un traitre, qu'un complice de Catilina, siége encore dans votre comité de sûreté générale? Souffrirez-vous que David, cet usurpateur, *ce tyran des arts,* aussi lâche qu'il est scélérat, souffrirez-vous, dis-je, que ce personnage méprisable qui ne se présenta pas ici dans la nuit mémorable du 9 au 10 thermidor, aille encore impunément dans les lieux où il méditait l'exécution des crimes de son maître, du tyran Robespierre? Il faut faire disparaître ces ombres du scélérat dont la France vient d'être débarrassée. David n'est pas le seul qui ait été vendu à Robespierre; la cour de ce Cromwell n'est pas encore anéantie. Ses ministres, sur la figure desquels on lit le crime, seront bientôt démasqués; je jure ici de les poursuivre jusqu'à la mort. Mais en ce moment je me borne à demander que le traître David soit à l'instant chassé du comité, et qu'il soit procédé à son remplacement." David brach angesichts solcher Anklagen der Schweiss aus, und zum erstenmale in seinem Leben sah er ein, dass er nicht in einen Berathungssaal gehörte. Die Schreckenszeit hatte für ihn die Folge gehabt, dass er als Künstler ungeheuer viel Zeit verlor: mit Utopien, phrasenhaften Theorien, bombastischen Reden, mit dem Anordnen unkünstlerischer Abstractionen, den allegorischen Festlichkeiten der Republik [40], denen er wie so vielem andern den Schein der Antike verlieh; jetzt wurde er verhaftet und im Luxembourg ins Gefängniss geworfen. Die Treue seiner Gattin und Schüler bewahrte den Meister vor dem Tode; nach siebenmonatlicher Haft setzte man ihn am 26. Oct. 1795 wieder in Freiheit. Nun versprach er Weib und Kindern, der Politik für immer zu entsagen und nahm von Neuem die Palette zur Hand. Sein ferneres Leben sei kurz skizzirt. Es widersprach dem bisherigen. David lernte Bonaparte kennen, schloss sich ihm an und ward sein College im Institut. Der Einladung des aufgehenden Sternes, ihn nach Ägypten zu begleiten, leistete er keine Folge. Als Bonaparte Kaiser wurde, gab er David den Titel eines „premier peintre de l'empereur", und dieser nahm den Titel an, seine republicanische Vergangenheit somit verleugnend. Seinem Verhältniss mit Napoleon entsprang zunächst das Bild, das uns den ersten Consul hoch zu Ross zeigt, wie er die Alpen, d. h. den grossen St. Bernhard überschreitet (1800), sodann die beiden Gemälde: „Die Krönung des Kaisers" und „die Vertheilung der Adler auf dem Marsfelde". Bis zum Sturze des Kaisers hat David sich seine Gunst zu bewahren gewusst. Als die Bourbonen wieder ans Ruder kamen, musste er Frankreich verlassen, das Decret Ludwigs XVIII., welches dem Künstler für immer seine Heimath verschloss — von dem Rechte der Amnestie machte er keinen Gebrauch — ist am 16. Januar 1816 unterzeichnet worden. Die Erlaubniss, sich nach Rom zu begeben, erhielt David nicht, die Einladung Friedrich Wilhelms III. von Preussen, die Leitung der Berliner Kunstakademie zu übernehmen, schlug er aus. Er wandte sich nach Brüssel, wo er freundlich aufgenommen wurde und am 29. December 1825 gestorben ist.

* * *

David war wie Wenige dazu berufen, der Nachwelt die Züge der bedeutenden Persönlichkeiten, mit und unter denen er lebte, im Bilde aufzubewahren. Er ist einer der grössten Portraitmaler aller Zeiten gewesen. Madame Pécoul (1783 [41]), Pius VII.[42], Madame de Récamier (1800 [43]), Lavoisier, das Conventmitglied Gérard und seine Familie [44], „Bonaparte" sind Triumphe der Bildnissmalerei, die dem Künstler, auch rein ästhetisch betrachtet, eine bleibende Stelle in der allgemeinen Kunstgeschichte sichern. Der „Schwur im Ballhause" (20. Juni 1789) blieb leider ein Torso, und so besitzen wir von David kein fertiges Portrait Mirabeaus, Robespierres, Baillys und Barnaves. Im Anfang zur Lebensbeschreibung des Benvenuto Cellini äussert sich Goethe: „Andere Zeiten, andere Sorgen, sowohl für Künstler als für Oberhäupter! Sehen wir nicht in unseren Tagen das mit grossem Sinne und Enthusiasmus entworfene, mit schätzbarem Kunstverdienst begonnene revolutionäre Bild Davids, den Schwur im Ballhause darstellend, unvollendet?" — Der Schwur im Ballhause [45] blieb unvollendet wie die politische und sociale Revolution unabgeschlossen! Es spiegelt sich in dem Carton Davids die Hast wieder, mit der die Ereignisse sich überstürzten. Frankreich hatte, so gross war die Erschütterung gewesen, das Gleichgewicht verloren; was den einen Tag Giltigkeit besass, war den andern bereits wieder überholt. Dass in solchen Zeiten der Unruhe, Auflösung und Neubildung David dennoch imstande gewesen ist, der Kunst frisches Blut zuzuführen, beweist, dass er ein Meister war, und dass die Kunst, der er diente, alle Stürme der Weltgeschichte überdauert.

———•———

Anmerkungen.

[1] Zweiter Aufenthalt in Rom.
[2] Über ihn *Regnet*, Dohmes Kunst u. Künstler. Abth. 3. Leipzig, 1880.
[3] Im Louvre. Gestochen von Audran 1675.
[4] Seemanns Bilderbogen. No. 243, 3.
[5] *Abbé de Monville*, la vie de Pierre Mignard. Amsterdam 1731.
[6] Vgl. *Springer*, Bilder aus der neueren Kunstgeschichte. Bd. II. S. 222.
[7] Über ihn *Charles Blanc*, les peintres des fêtes galantes. Paris, 1854. — Edmond de Goncourt, catalogue raisonné de l'œuvre peint, dessiné et gravé d'Antoine Watteau. Paris, 1875.
[8] „La leçon d'amour". Im kgl. Schloss zu Berlin.
[9] Das Bild „l'embarquement pour l'île de Cythère" hängt im Louvre.
[10] *S. André Michel*, François Boucher. Müntz, les artistes célèbres. Paris, 1886.
[11] *Diderot*, œuvres. Edition Assézat. Bd. 10. S. 256—257.
[12] Über ihn *Wessely* bei Dohme, a. a. O.
[13] *Diderot*, œuvres. Edition Assézat. Bd. 11. S. 408, 409 u. 411.
[14] Über ihn Dohme, a. a. O.
[15] S. Archives parlementaires. 1re série. Bd. 18. S. 245.
[16] Vgl. Archives parlementaires. 1re série. Bd. 19. S. 121—135.
[17] Vgl. Ed. et *Jules de Goncourt*, histoire de la société française pendant la révolution. Nouvelle édition. S. 179 ff.
[18] Es war selbstverständlich auch auf die Tendenz der Kunst des Rococo abgesehen. Cf. den Bericht des Malers Bouquier, eines Schildknappen Davids, der am 24. Juni 1794 der Nationalversammlung vorgelegt wurde. *Rosenberg*, Gesch. d. mod. Kunst I, 5—6. Dazu siehe *Goncourt*, a. a. O. S. 232—234.
[19] Gebr. Goncourt, a. a. O. S. 127—128, 270—273, 289—290, 362—371.
[20] Cf. Archives parlementaires. 1re série. Bd. 19. S. 472.
[21] Archives parlementaires. 1re série. Bd. 19. S. 434—435.
[22] S. La gloire du Val-de-grâce. Vers 106—112.
[23] S. *Julius Meyer*, Gesch. d. mod. franz. Malerei. Leipzig, 1867. S. 58.
[24] Im Museum zu Lille. Dies Bild brachte David den Titel eines „agrégé" der Akademie ein.

[15] S. *Diderot*, œuvres. Bd. 12. Vgl. Correspondance littéraire, philosophique et critique par Grimm, Diderot etc. Bd. 13. S. 27.

[16] Bd. 13. S. 444—445.

[17] Ursprünglich hatte David eine andere Scene ins Auge gefasst. S. die in der Gazette des Beaux-arts von 1860 wiedergegebene Skizze. Bd. 7. S. 285—303: „les dessins de Louis David". Par A. Cantalaube.

[18] Vgl. *Ernest Chesneau*, les chefs d'école. Paris, 1862. S. 17. „Le serment des Horaces" im Louvre.

[19] Correspondance littéraire. Bd. 15. S. 165—167.

[20] „Les amours de Paris et d'Hélène" im Louvre.

[21] „Les licteurs rapportent à Brutus les corps de ses fils." Im Louvre.

[22] Cf. *Julian Schmidt*, Geschichte der französischen Literatur. Bd. 1.

[23] Über das sociale Leben in Paris zur Zeit der Revolution und des Directoriums handeln ausführlich *Edmond* et *Jules de Goncourt*, deren Werke: „Histoire de la société française pendant la révolution", „Histoire de la société française pendant le directoire" Hauptquellen sind.

[24] Vien sagte: „J'ai entr' ouvert la porte, David l'a poussée."

[25] Vgl. die Rede, welche David 1791 vor der Nationalversammlung hielt. „Le peintre Louis David. Souvenirs et documents inédits" par *J.-L. Jules David* son petit-fils. Paris, 1880. S. 149 f.

[26] „Les Sabines" im Louvre. S. *P. Chaussard*, le tableau des Sabines. 8. Paris, 1800.

[27] „Léonidas aux Thermopyles" im Louvre. Ein Krieger gräbt mit seinem Degenknopf in den Felsen das griechische Distichon ein:

$$\text{Ὦ ξεῖν', ἀγγέλλειν Λακεδαιμονίοις, ὅτι τῇδε}$$
$$\text{Κείμεθα τοῖς κείνων ῥήμασι πειθόμενοι.}''$$ (Herodot VII, 228.)

[28] Ausführlich handelt darüber *Delécluze* in seinem Buche „David, son école et son temps". Paris, 1855. Da Delécluze ebenfalls ein Schüler Davids war, so ist seine Biographie als Hauptquelle zu betrachten.

[29] S. *Adolf Rosenberg*, Gesch. der modernen Kunst. Bd. 1. Gesch. der franz. Kunst von 1789 bis zur Gegenwart. Leipzig, 1889. S. 10.

[30] Die künstlerische Nichtigkeit derselben hat *Anton Springer* treffend nachgewiesen. Vgl. „Die Kunst während der französischen Revolution", Bilder aus der neueren Kunstgeschichte". 2te vermehrte und verbesserte Auflage mit Illustrationen. Bonn, 1886. Bd. 2. S. 265—300.

[31] S. Correspondance littéraire. Bd. 14. S. 288—291. Dort wird von dem Bildniss des Herrn Pécoul, des Schwiegervaters Davids, geredet. „C'est la vérité la plus simple et la plus frappante que nous ayons jamais vue dans aucun portrait ou plutôt ce n'est pas un portrait, c'est un homme qui vous parle." Beide Bildnisse im Louvre.

[32] Im Louvre. Bez. Lud. David. Parisiis 1805.

[33] Ebenfalls im Louvre.

[34] Vgl. Revue de l'exposition universelle de 1889. Bd. 1. S. 189 und 104.

[35] David erhielt den Auftrag zu diesem Bilde am 27. September 1791 von der französischen Nationalversammlung.

Übersicht

des im Schuljahr 1889—90 behandelten Lehrstoffes.

Höhere Töchterschule.
(Eintritt mit zurückgelegtem 16. Altersjahr.)

I. Klasse.

Deutsche Sprache. 4 St. — Deutsche Literaturgeschichte von den Anfängen bis zum Ende des 18. Jahrhunderts mit Lesen und Erklären von hervorragenden Werken. — Aufsätze.
Rektor Carl Weitbrecht.

Französische Sprache. 4 St. — Grammatik. — Literaturgeschichte: 16. und 17. Jahrhundert, verbunden mit Lesen und Erklären von Musterstücken. — Sprechübungen. — Memoriren. — Extemporalien. — Aufsätze. — Grammatikalische Diktate. — Übersetzen von Breitingers „Übersicht der französischen Literatur". — Lesen und Übersetzen von Racines Athalie und Molieres L'Avare.
Dr. L. Morel.

Englische Sprache. 3 St. — Grammatik, Lektüre: Dickens, Longfellow. Diktate. Literaturgeschichte von den Anfängen bis Milton.
Dr. Th. Vetter.

Italienische Sprache. 3 St. — Elementare Grammatik, abwechselnd mit Übungen im mündlichen und schriftlichen Übersetzen. Diktate. Sprechübungen. Lesen und Nacherzählen des Gelesenen.
S. Heim.

Latein. I. Kurs. 3 St. — Das Übungsbuch für Anfänger von Frei wurde durchgearbeitet nebst den dazu erforderlichen Abschnitten aus der Formenlehre desselben Verfassers. — Die Lektüre von Nepos' Themistokles wurde begonnen.
Prof. Dr. Schweizer-Sidler. Frl. S. Krauer.

Geschichte. 2 St. — Übersicht der Geschichte des Mittelalters. Neuere Geschichte bis 1715. Prof. Dr. Oechsli.

Kunstgeschichte. 2 St. mit Benützung der hiesigen Samlungen. — Die Kunst im 18. und 19. Jahrhundert. Carl Brun.

Pädagogik. 2 St. (gemeinsam mit Kl. II Sem.). — Geschichte der Pädagogik bis auf Rousseau (einschliesslich).
Rektor Carl Weitbrecht.

Geographie. 2 St. (mit Kl. II gemeinsam). — Amerika. Asien. Dr. S. Stadler.

Zeichnen. 4 St. — Landschaftszeichnen und Malen (Aquarell) nach Vorlagen. — Im Sommer bei günstiger Witterung einige Stunden nach der Natur. Blumenmalen nach Vorlagen. Zeichnen von Köpfen nach Vorlagen, besonders aber nach dem Gipsmodell mit Kohle und Kreide in zwei verschiedenen Darstellungsmethoden.
Ed. Pfyffer.

II. Klasse.

Deutsche Sprache. 2 (im Wintersemester diesmal 3) St. — Geschichte der deutschen Literatur im 19. Jahrhundert. Lesen hervorragender Dichtungen. Rektor Carl Weitbrecht.

Französische Sprache. 4 St. — Literatugeschichte des 18. und des 19. Jahrhunderts, verbunden mit dem Lesen ausgewählter Musterstücke. — Lesen von Hernani von V. Hugo; La tulipe noire von Dumas und Scribes Le Verre d'eau. — Übersetzen von Breitingers Übersicht der französichen Literatur. — Memoriren. Dr. L. Morel.

Englische Sprache. 3 St. — Erstes Halbjahr: Literatur des 17. und 18 Jahrhunderts. Lesen von Proben nach Herrig's British Authors. Freie Kompositionen. *Scott,* Ivanhoe; *Tennyson,* Enoch Arden. Dr. Th. Vetter.

Zweites Halbjahr: Literatur des 19. Jahrhunderts. Wordsworth, Coleridge, Southey, Scott, Byron, Shelley, Campbell, Reads, Crabbe, Moore, Mrs. Hemans. — Victorian Age: Landor, Hood, Mrs. Browning, Tennyson.

Lesen aus Herrig; Walter Scott, Lady of the lake; Dickens, Tale of two Cities, I. und II. Frau Neumunz-Collins.

Italienische Sprache. 3 St. — Weiterführung des Pensums von Kl. I. Syntax. — Briefe und kleinere Aufsätze. — Übungen in der Konversation. — Lesen neuerer und neuester Schriftsteller, verbunden mit literargeschichtlichen Mitteilungen.

S. Heim.

Latein. III. Kurs. 3 St. — Lesen von Livius, II. Buch; Virgils Aenëis, II. Buch und ausgewählte Stücke aus Buch I. Übersetzungen aus Frei's Aufgaben, I. Teil, und Süpfle, II. Teil. Repetition von Formenlehre und Syntax.

Prof. Dr. Schweizer-Sidler.
Frl. S. Krauer.

Pädagogik. 2. St. (gemeinsam mit Kl. III Sem.). — Geschichte der Pädagogik von Pestalozzi bis zur Gegenwart. (Vergl. Sem. Kl. III.) Rektor Carl Weitbrecht.

Geschichte. 2 St (gemeinsam mit Kl. I).

Zeichnen. 4 St. (gemeinsam mit Kl. I).

Seminar.

(Eintritt in Kl. I mit zurückgelegtem 15. Altersjahr.)

Der Lehrstoff sämtlicher Klassen in den Fächern Gesang, Klavierspiel und Turnen ist am Schluss übersichtlich zusammengestellt.

I. Klasse.

Pädagogische Lektüre. 1 St. — Lesen und Erklären ausgewählter Kapitel aus Pestalozzis Lienhard und Gertrud und Erläuterung der darin enthaltenen Erziehungsgrundsätze.
Rektor Carl Weitbrecht.

Deutsche Sprache. 5 St. — Lesen und Erklären von poetischen und prosaischen Stücken aus Baechtolds Lesebuch, Bd. I. — Poetik. Aufsätze. Vortrag.
Rektor Carl Weitbrecht.

Französische Sprache. 4 St. — Grammatik. — Mündliche und schriftliche Übungen im Übersetzen vom Deutschen ins Französische. — Lese- und Sprechübungen. — Diktate. — Kleine Aufsätze (Comptes-rendus). — Übersetzen ins Deutsche: La jeune Sibérienne; Le lépreux de la Cité d'Aoste; Les Prisonniers du Caucase, von X. de Maistre.
Dr. L. Morel.

Englische Sprache. (fakultativ). 3 St. — Grammatik (wobei die Klasse in zwei Abteilungen getrennt wurde): Hilfszeitwörter, starke Konjugation, Hauptwort und Artikel. — Lesen und Übersetzen. Diktate und Memoriren von Gedichten. — Washington Irving's Sketch-Book, schriftliche Inhaltsangaben des Gelesenen.
Dr. Th. Vetter.

Mathematik. (Abteilung der Seminaristinnen.) 4 St. — Einführung in die arithmetische Sprache. Addition, Subtraktion und Multiplikation mit Buchstaben und Buchstabenausdrücken. Planimetrie, erster Teil.
J. Roner.

Buchhaltung und Rechnen. (Abteilung d. Nichtseminaristinnen.) 3 St. — *a)* Zweck, Wesen und Systeme der Buchhaltung. Rechnungsführung des Hauses mit Beispielen von Vermögensrechnungen. 1 St.

b) Die Prozentrechnung und ihre Anwendung. Kettensatz. Zins- und Discontorechnung mit abgekürztem Verfahren. Übungen im Kopfrechnen. Die verschiedenen Methoden der Zinsberechnung bei Kontokorrenten. 2 St. Prof. F. Hunziker.

Naturkunde. 1) Botanik. 2 St. Repräsentanten wichtiger Pflanzenfamilien. Morphologie. Cryptogamen (Anfang). — 2) Zoologie. 2 St. Protozoen. Coelenteraten. Echinodermen. Mollusken.
Dr. S. Stadler.

Allgemeine Geschichte. 3 St. — Alte Geschichte.
Prof. Dr. W. Oechsli.

Geographie. 2 St. — Die grundlegenden Anschauungen der Geographie. — Europa (Anfang). Dr. S. Stadler.

Schreiben. 1 St. — Einübung der englischen und deutschen Kurrentschrift. Prof. Schoop.

Zeichnen. 3 St. — Zeichnen stilisirter Blatt- und Blütenformen und Verwendung derselben im Flachornament. — Belehrungen aus der Farbenlehre. — Flachornamente verschiedener Stilarten mit Kolorirübungen. — Körperliches Zeichnen nach dem Holzmodell. Für die Nichtseminaristinnen: Zeichnen und Sepiren nach dem Gipsmodell. Blumenzeichnen und Malen. Zeichnen von Köpfen nach Reliefen und nach dem runden Modell.
Prof. Schoop.

Gesang. 2 St. — **Klavierspiel.** 2 St. — **Turnen.** 2 St.

II. Klasse.

Pädagogik. 2 St. — Geschichte der Pädagogik bis auf Rousseau (einschliesslich). Rektor Carl Weitbrecht.

Deutsche Sprache. 5 St. — Grammatik. — Lektüre aus dem Lesebuch Bd. II; Goethe, Hermann und Dorothea; Schiller, Maria Stuart. — Memoriren. — Aufsätze (monatlich).
Dr. Th. Vetter.

Französische Sprache. 4 St. — Grammatik mit Übersetzungen. — Literaturgeschichte des 16. und teilweise des 17. Jahrhunderts, verbunden mit Lesen und Erklären von Musterstücken. — Diktate und Extemporalien. — Lesen von einigen Abschnitten aus Corneilles Cid, Athalie von Racine und Mérope von Voltaire.
Dr. L. Morel.

Englische Sprache. (fakultativ). 3 St. (gemeinsam mit Kl. I b. Töchterschule).
Dr. Th. Vetter.

Mathematik. 5. St. — Operationen zweiter Stufe. — Anwendungen der Gesetze der Operationen der ersten und zweiten Stufe. — Gleichungen vom ersten Grad. — Planimetrie, zweiter Teil.
J. Roner.

Naturkunde. 2 St. — Physiologie der Pflanzen. — Abschluss der Zoologie. — Unorganische Chemie (Anfang).
Dr. S. Stadler.

Allgemeine Geschichte. 3 St. — Vom Mittelalter bis zur Zeit der Aufklärung.
Prof. Dr. W. Oechsli.

Religion. 2 St. — Im 1. Semester: Übersichtliche Darstellung der ausserbiblischen Religionen; im 2. Semester: Betrachtung der Religion Israels in geschichtlicher Entwicklung.
Pfarrer Dr. Furrer.

Geographie. 2 St. — Europa.
Dr. S. Stadler.

Zeichnen. 3 St. — Fortsetzung des körperlichen Zeichnens nach dem Holzmodell unter Berücksichtigung der Beleuchtungserscheinungen. — Zeichnen nach wirklichen Gegenständen (Zimmergeräten, Gebäuden, Gefässen etc.). — Zeichnen nach Gipsabgüssen einfacher plastischer Formen und nach leichtern ornamentalen Gipsmodellen. — Fortsetzung der Belehrungen aus der Farbenlehre: Die physiologischen Farben. — Übungen nach dem polychromen Ornament. *Prof. Schoop.*

Gesang. 2 St. — **Klavierspiel.** 2 St. — **Turnen.** 2 St.

III. Klasse.

Pädagogik. 2 St. — Geschichte der neuern Pädagogik von Pestalozzi bis zur Gegenwart.
Rektor Carl Weitbrecht.

Methodik. 2 St. — Spezielle Methodik. — Einführung in die Kenntnis der obligatorischen Lehrmittel. — Lehrübungen.
G. Gattiker.

Deutsche Sprache. 5 St. — Ausgewählte Partien aus der Literaturgeschichte bis Schiller, verbunden mit Lektüre aus dem deutschen Lesebuch Bd. III. Erklärt: Partien aus Laocoon; Nathan, Iphigenie. — Syntax und Stilistik. — Aufsätze (vierteljährlich).
Dr. Th. Vetter.

Französische Sprache. 3 St. — Repetition der Grammatik. — Literaturgeschichte des 18. Jahrhunderts, verbunden mit dem Lesen ausgewählter Musterstücke. — Übersetzen ins Französische von Breitingers Übersicht der franz. Literatur. — Diktate. — Aufsätze.
Dr. L. Morel.

Englische Sprache. 3 St. mit II. Kl. der Höheren Töchterschule.
Dr. Th. Vetter.
Frau Neumunz-Collins.

Mathematik. 6 St. — Potenzen, Wurzeln, Logarithmen, Entwicklung der Gesetze und Anwendung. — Die Ellipse als Kreisprojektion. — Einfachere Exponentialgleichungen. — Stereometrie. Ebene Trigonometrie. — Geometrisches Zeichnen.
J. Roner.

Naturkunde. Physik: 2. St. — Wärme. — Chemie und Mineralogie: 2 St. Metalle. — Mineralogie und Geologie mit besonderer Rücksicht auf schweizerische Vorkommnisse.

Dr. S. Stadler.

Allgemeine Geschichte. 3 St. — Geschichte der neuern Zeit. — Repetition des Gesammtstoffes. Prof. Dr. W. Oechsli.

Religion. 1 St. — Leben und Lehre Jesu.

Pfarrer Dr. Furrer.

Geographie. 1 St. — Fremde Erdteile.

Dr. S. Stadler.

Zeichnen. 2 St. — Fortsetzung des körperlichen und plastischen Zeichnens nach dem Modell. — Zusammenstellung der Grundsätze aus der Perspektive. — Weitere Übungen nach dem polychromen Ornamente. Figürliches Zeichnen nach dem Regelkopf und nach figürl. Reliefen. — Skizzirübungen.

Prof. Schoop.

Gesang. 2 St. — **Klavierspiel.** 1—2 St. — **Zeichnen.** 2 St. — **Turnen.** 2 St.

IV. Klasse.

Pädagogik. 2 St. Psychologie und allgemeine Erziehungslehre.

Rektor Carl Weitbrecht.

Methodik. 2 St. — Allgemeine Methodik. — Spezielle Methodik der einzelnen Schulfächer. — Einführung in die Kenntnis der obligatorischen Lehrmittel. — Lehrübungen, bald vom Lehrer, bald von Schülerinnen gehalten. — Nebenher Besuch einzelner Klassen der städtischen Primar- und Ergänzungsschule, verbunden mit praktischer Betätigung in denselben: im Sommersemester Besuch der Elementarschule während 2 Wochen, im Winter der Realschule während 2 Wochen, der Ergänzungsschule nebenher. Allgemeine und speziell zürcherische Schulkunde.

G. Gattiker.

Deutsche Sprache. 4 St. — Ausgewählte Partien aus der Geschichte der deutschen Literatur von Goethe bis auf die neueste Zeit, mit Lektüre des Lesebuchs, obere Stufe; die

Dramen Schiller's und Goethe's. Grillparzers „Sappho". — Repetition der Literaturgeschichte. — Vorträge.
Dr. Th. Vetter.

Französische Sprache. 3 St. — Repetition der Literatur. — Literaturgeschichte des 18. und teilweise des 19. Jahrhunderts. — Grammatikalische Diktate. — Übersetzen ins Französische von Breitingers „franz. Klassiker". — Aufsätze.
Dr. L. Morel.

Schweizergeschichte. 3 St. — Von den ältesten Zeiten bis zur Gegenwart.   Prof. Dr. W. Oechsli.

Religion. 1 St. — Leben und Lehre des Apostels Paulus.
Pfarrer Dr. Furrer.

Mathematik. 5 St. — Kombinationslehre und binomischer Satz. — Die komplexen Grössen. — Die Gleichungen vom zweiten Grade. — Elemente der sphärischen Trigonometrie. — Praktisches Rechnen: Die gewöhnlichen und die Dezimalbrüche und deren Anwendung im praktischen Rechnen, mit zahlreichen Übungen.   J. Roner.

Mathematische Geographie. 1 St.   J. Roner.

Naturkunde. 7 St. — Physik: Akustik. Wärme. — Optik. Magnetismus und Elektrizität. — Physiologie: Anatomie und Physiologie des Menschen. — Übungen: Anleitung zur Zusammenstellung und Behandlung der Apparate. Chemische und physikalische Versuche.   Dr. S. Stadler.

Physikalische Geographie. 1 St. — Bewegungen des Meeres. Erdbeben. Vulkane. Meteorologie.   Dr. S. Stadler.

Zeichnen und Schreiben. 2 St. — Fortsetzung der Übungen nach dem körperlichen und plastischen Modell und nach dem polychromen Ornament, mit besonderer Berüchsichtigung des figürlichen Zeichnens. — Methodik des Zeichenunterrichtes. — Übungen im Vorzeichnen an der Schulwandtafel und im persp. Skizziren.

Wiederholung der englischen und deutschen Kurrentschrift.
Prof. Schoop.

Gesang. 2 St. — **Klavierspiel.** 1—2 St. — **Turnen.** 2 St.

Lehrstoff der Fächer: Gesang, Klavierspiel und Turnen

(von allen vier Klassen zusammengestellt).

Gesang und Musiktheorie.

I. Klasse. a) Gesang: Tonbildung, Dur- und Molltonleitern, Intervalle, Treffübungen, ein-, zwei- und dreistimmige Lieder und Chöre.
b) Theorie: Dur- und Molltonleitern, Intervalle, Umkehrung derselben, Dur- und Molldreiklänge, bezifferte Bässe.

II. Klasse. a) Gesang: Tonbildung, Dur- und Molltonleitern, Intervalle, ein- und zweistimmige Treffübungen, Lieder und Chöre mit und ohne Begleitung.
b) Theorie: Molltonleitern (harmonische), Intervalle.

III. Klasse. Wie Kl. II.

IV. Klasse. a) Gesang: Tonbildungsübungen, Repetition aller Dur- und Molltonleitern, ein- und zweistimmige Treffübungen; (Sologesang) Lieder von Mendelssohn, Schubert, Schumann etc. Lieder und Chöre.
b) Theorie: Akkordlehre bis zur Modulation. Formenlehre. Analyse von Chören und andern Musikstücken.   K. Attenhofer.

Klavierspiel.

Bei der hier aufgeführten Verteilung des Pensums ist vorausgesetzt, dass die Schülerinnen in Kl. I erst den Klavierunterricht beginnen. Faktisch ist dies bei manchen Schülerinnen nicht der Fall; diese werden Gruppen von vorgerückten Schülerinnen zugeteilt und dann natürlich in den vier Jahren entsprechend weiter gefördert.

I. Klasse: Elementarunterricht nach den Klavierschulen von Zweigle und Eichler-Feyhl. Übungen zur Ausbildung des Anschlags im Umfange von 5 Tönen, nach

Zahlen. — Köhler, „Praktischer Lehrgang für den Klavierunterricht", Heft I. Vierhändiges: Wohlfahrts Klavierfreund.

II. Klasse: Köhler, „Praktischer Lehrgang für den Klavierunterricht", Fortsetzung in Heft I, dann Heft II. Fingerübungen nach Herz-Roitsch (Petersansgabe). Etüden: Gurlitt, op. 83. Vierhändiges: Köhler, op. 124, Büchner, op. 30, Heft I—VI, Reinecke, op. 127 B, Krause, op. 20.

III. Klasse: Köhler, „Praktischer Lehrgang für den Klavierunterricht", Fortsetzung in Heft II, dann in Heft III. Fingerübungen nach Herz-Roitsch. Etüden: Bertini, op. 100. Heft I, Gurlitt, op. 51, Heft I, Krause, op. 2, Heft I, Heller, op. 47. Stücke: Kullak, op. 62, Krause, op. 1, Heft I, Dussek, op. 20, Heft I—III, Übungen im Vomblattspielen leichter drei- und vierstimmiger Gesänge aus den Sammlungen von Erk, J. Heim, R. Weber, Lützel u. a. Vierhändiges: Fortsetzung des in Kl. II begonnenen Lehrstoffes, dann C. M. v. Weber, op. 3, Löschhorn, op. 86 und op. 51, Beethoven, op. 6.

IV. Klasse: Fortsetzung des in Kl. III begonnenen Lehrstoffes, dann Etüden: Hünten, op. 114. Cramer, op. 100, Heft I, Bach, 6 kleine Präludien. Stücke: Haydn, Sonaten Nr. 3 und 4 (Cottaausgabe), Heller, op. 125, op. 46, Heft I, op. 81, Mozart, die leichten Sonaten; Mendelssohn, die leichtesten Lieder ohne Worte. Vierhändiges: Beethoven, op. 42, Spindler, op. 296, 6 Sonatinen, Fuchs, op. 1, Heft I und II, Haydn, die leichtern Sinfonien.

Die Lehrer der Musikschule.

Turnen (wöchentlich 2 St.).

I. Klasse: Wiederholung und Weiterführung der Freiübungen, Ordnungsübungen und Gerätübungen, welche auf der Stufe der Primar- und Sekundarschule betrieben werden. Alle einfachen Freiübungen in Grundstellung und abgeleiteten Stellungen in einfachern Übungsgruppen; ebenso auch in Verbindung mit leicht auszuführenden Ordnungsübungen, die einfachern Gang-, Lauf-, Hüpf- und Sprungübungen. Bildung und Bewegung der Reihen und des Reihenkörpers; Aufzüge, Lieder- und Tanzreigen. Die einfachsten Gerätübungen.

II. Klasse: Einfache und schwierigere Freiübungen in verschiedenen Stellungen in zusammengesetzten Übungsgruppen. Gleiche und gegengleiche Ausführung. Erweiterung der Verbindung der Freiübungen mit Ordnungsübungen. Fortsetzung der Gang-, Lauf-, Hüpf- und Sprungübungen, ebenso der Bildung und Bewegung des Reihenkörpers. Schwierigere Aufzüge, Lieder- und Tanzreigen. Erweiterung der Gerätübungen.

III. Klasse: (1 St. gemeins. mit Kl. II). Wiederholung der früher betriebenen Übungen (mit Kl. II). Betrieb der Freiübungen in verschiedenen Stellungen in Übungsreihen. Gleiche und gegengleiche Ausführung. Fortsetzung der Verbindung der Freiübungen mit Ordnungsübungen in mannigfaltiger Weise und in schwierigern Zusammensetzungen. Fortsetzung der Gang-, Lauf-, Hüpf- und Sprungübungen. Bildung und Bewegung des Reihenkörpergefüges (Gefüge von Gefügen). Anwendung dieser Ordnungsformen in zusammengesetztern Aufzügen und Reigen. Fortsetzung der Gerätübungen mit grössern Anforderungen an die Kraft und Gewandtheit.

IV. Klasse: (1 St. gemeins. mit Kl. III). Wiederholung von früher betriebenen Übungen (mit Kl. III), Systematik und Methodik der Turnübungen. Praktische Übung in der Erteilung des Turnunterrichts, teils unter sich, teils in Klassen der Primarschule.

J. Spalinger.

Verzeichnis

der an der höhern Töchterschule und dem Seminar im Gebrauch befindlichen Lehrmittel.

J. Baechtold, Deutsches Lesebuch. (Bd. 1 für Klasse I, 2 für Klasse II, 3 für Klasse III und IV Sem.)
W. Herbst, Hilfsbuch für die deutsche Literaturgeschichte. Neueste Auflage (für Kl. I H. T.).
Pestalozzi, Lienhard und Gertrud (für Kl. I. Sem.).
Borel, Grammaire française à l'usage des allemands.
Brachet, Nouvelle Grammaire française.
X. de Maistre, Le Lépreux de la cité d'Aoste.
Herrig und Burguy, La France littéraire.
Erkmann et Chatrian, Histoire d'un conscrit de 1813.
Bernadin de St-Pierre, Paul et Virginie.
Xavier de Maistre, La Jeune Sibérienne.
   „ „ „   Les prisonniers du Caucase.
Racine, Athalie, édition Friedberg et Mode.
Breitinger, Übersicht der franz. Literatur. — Franz. Briefe.
   „   Die franz. Classiker.
Behn-Eschenburg, Elementarbuch. — Desselben Übungsstücke zum Übersetzen aus dem Deutschen ins Englische.
Herrig, British Classic Authors.
Walter Scott, Quentin Durward. The Lay of the Minstrel. — *Yonge,* Bye Words. David Copperfield by *Dickens.* — *Tennyson,* Poems. — *Howells,* Lady of the Aroostook.
S. Heim, Elementarbuch der italienischen Sprache.
   „   Letture italiane, tratte da autori recenti e annotate.
   „   Aus Italien. Material für den Unterricht in der italienischen Sprache.
Perthes, Formenlehre der lateinischen Sprache.
Süpfle, Stilübungen. — *Beck,* Vocabularium. — *Haacke,* Übungsbuch, 2. — *Frei,* Übungsbuch. — *Frei,* latein. Elementarbuch.
Siebelis tirocinium poeticum. — Eine gute Ausgabe von Cæsars bellum gallicum, von den Oden des Horaz, von Ciceros Lælius, von Cato major, von Vergils Aeneide und von einigen Büchern des Livius, ein deutsch-lateinisches und ein lateinisch-deutsches Wörterbuch.

W. Oechsli, Bilder aus der Weltgeschichte. 2. Aufl. I. Teil. Einleitung und alte Geschichte. II. Teil. Mittlere und neue Geschichte.
Egli, Neue Erdkunde.
Diercke und Gaebler, Schulatlas.
Wossidlo, Leitfaden der Zoologie.
Wossidlo, Leitfaden der Botanik.
Gremli, Exkursionsflora der Schweiz.
Krebs, Lehrbuch der Physik.
Zängerle, Lehrbuch der Mineralogie.
Petersen, Dr. Julius, Lehrbuch der elementaren Planimetrie.
H. Schubert, Sammlung von arithmetischen und algebraischen Fragen und Aufgaben für höhere Schulen. Heft I und II.
Schoop, Die Perspektive im Dienste des Zeichnens nach der Natur.
Andél, Das polychrome Ornament.
Richter, Harmonielehre.
Bertalotti, Zweistimmige Solfeggien von Hændel, Duette v. Hændel, Reinecke, Attenhofer etc., zwei- und dreistimmige Lieder und Chöre.

Auszug aus dem Reglement der h. Töchterschule.

Die Auswahl der Fächer ist freigestellt. Das Schulgeld beträgt für Schülerinnen von Zürich Fr. 45 halbjährlich bei 10 und mehr wöchentlichen Stunden, bei weniger als 10 Stunden Fr. 7½ halbjährlich für je eine wöchentliche Stunde, — für ausserhalb Zürich wohnende Schülerinnen Fr. 60 halbjährlich bei 10 und mehr Stunden, bei weniger als 10 Stunden Fr. 10 halbjährlich für je eine wöchentliche Stunde, und beim Besuch des Chemie-Unterrichtes Fr. 5 per Semester für die Bedürfnisse des Laboratoriums. Das Schulgeld wird nur semesterweise, nicht quartalweise berechnet; bei späterm Eintritt oder früherm Austritt muss doch für das ganze Halbjahr bezahlt werden. — In der Regel wird ein Fach nur erteilt, wenn sich mindestens 10 Schülerinnen dafür anmelden. Ein Fach, für welches sich weniger als 10 Schülerinnen gemeldet haben, kann nach Beschluss der Schulpflege dann erteilt werden, wenn sich die

Teilnehmerinnen verpflichten, je für das laufende Halbjahr den Betrag des Schulgeldes für 10 Schülerinnen zu entrichten.

Allen Schülerinnen wird regelmässiger Besuch der Lehrstunden und schriftliche Entschuldigung jeder Absenz zur Pflicht gemacht. Den Angemeldeten wird empfohlen, bei der Auswahl der Fächer zu berücksichtigen, dass häusliche Geschäfte, Mangel an Zeit u. dgl. in der Regel nicht als Entschuldigungsgründe gelten. Der Austritt aus einem Fach ist ohne besondere Begründung nur Ende eines Semesters gestattet, und es soll von demselben dem Rektor schriftliche Anzeige gemacht werden. Auch der Austritt aus der Anstalt überhaupt ist dem Rektor vor Schluss eines Semesters oder Schuljahrs schriftlich anzuzeigen.

Alle Schülerinnen sind verpflichtet, an den Repetitorien, welche den Schluss des Schuljahrs bilden, teilzunehmen. Schülerinnen, welche ohne genügende Entschuldigung von denselben wegbleiben, können nicht auf Ausstellung eines Zeugnisses Anspruch machen.

Auszug
aus dem Reglement des Lehrerinnenseminars.

Alle Fächer, mit Ausnahme des Englischen, sind obligatorisch. Für den Besuch einzelner Fächer der höhern Töchterschule haben die Seminaristinnen die Zustimmung der Aufsichtskommission einzuholen. Der Besuch des Englischen kann ihnen vom Konvent untersagt werden, wenn ihre Leistungen in den obligatorischen Fächern nicht genügen. Den Schülerinnen ist freigestellt, sich für den Klavier- oder Violin-Unterricht zu entscheiden.

Schulgeld für Seminaristinnen: Fr. 60, Musikunterricht inbegriffen, und beim Eintritt 5 Fr. Einschreibgeld als Beitrag an die Sammlungen; ferner in den Klassen, in welchen Chemie erteilt wird, Fr. 5 per Semester für die Bedürfnisse des Laboratoriums. Schülerinnen, die vor Abschluss des Seminarkurses freiwillig austreten, haben mindestens die Kosten des Musikunterrichtes (100 Fr. per Jahr) zurückzuerstatten.

Stipendien für Seminaristinnen: Unbemittelten Seminaristinnen aus dem Kanton Zürich werden auf Grund befriedigender Zeugnisse und eines Dürftigkeitsausweises vom Tit. Erziehungsrate Staatsstipendien erteilt. Die Anmeldungen für dieselben sind beim Beginn des I. Quartals dem Rektorat einzugeben, durch welches sie an die Behörde geleitet werden.

Die I. Klasse kann auch von Nichtseminaristinnen zur Vorbereitung auf die höhere Töchterschule benutzt werden. Für diese sind **nur folgende** Fächer **obligatorisch**: Deutsch, Französisch, Geographie, Geschichte, Rechnen und Buchhaltung (zusammen 17 St.); der Unterricht in denselben wird auf den **Vormittag** verlegt. Es ist diesen Schülerinnen gestattet, auch andere Fächer des Seminars, Englisch, Naturkunde (Botanik oder Zoologie), Mathematik, Pädagogik, Zeichnen, Turnen, Singen, — zu besuchen, jedoch nicht als Hospitantinnen, sondern mit voller Verpflichtung zur Lösung sämtlicher Aufgaben.

Es wird während des ganzen Schuljahrs im Lokal von Kl. 1 Sem. für die Schülerinnen, welche sich daran beteiligen wollen, in 2 wöchentlichen Stunden Konfirmanden-Unterricht (durch Hrn. Pfr. Dr. Furrer) erteilt, der in den Stundenplan aufgenommen, jedoch nicht als Sache der Schule betrachtet wird. Anmeldungen nimmt Hr. Pfr. Dr. **Furrer** entgegen.

Schulgeld für Nichtseminaristinnen, nach dem Reglement der höhern Töchterschule berechnet: Fr. 90 jährlich für in der Stadt Wohnende, Fr. 120 jährlich für ausserhalb der Stadt Wohnende. Das Schulgeld bleibt dasselbe, auch wenn eine Anzahl der Seminarfächer mitbesucht werden. — Der Musikunterricht ist von diesen Schülerinnen, sofern sie daran teilzunehmen wünschen, **extra** zu bezahlen (Fr. 100 per Jahr, für 2 wöchentliche Stunden); der Austritt aus demselben ist je **vor Schluss** des Semesters dem Rektorat anzuzeigen; im Unterlassungsfalle wird das Schulgeld auch noch fürs folgende Semester berechnet.

Allen Schülerinnen wird regelmässiger Schulbesuch und **schriftliche** Entschuldigung jeder Absenz zur Pflicht gemacht. Für Absenzen wegen Krankheiten ist in der Regel **am ersten**

Tage des Ausbleibens eine schriftliche Entschuldigung von Seite der Angehörigen dem Rektorat einzugeben. Katholische Schülerinnen sind für Fronleichnamstag und Allerheiligen, israelitische für das Pfingstfest und das Neujahrsfest vom Schulbesuch dispensirt.

Gemeinsame Bestimmungen für beide Anstalten.

Schülerinnen, welche nicht bei ihren Eltern oder Verwandten wohnen, haben sich über die Wahl des Kostortes mit dem Prorektor zu verständigen.

Für Wegbleiben bis auf eine Woche ist die Erlaubnis des Rektors, für längere Zeit durch ein von den Angehörigen gestelltes schriftliches Gesuch die des Präsidenten der Aufsichtskommission einzuholen. Nachlässiger Schulbesuch, beharrlicher Unfleiss und unzulässiges Betragen haben Mahnung und zuletzt Entlassung zur Folge. Das Schulgeld wird einige Wochen nach Eröffnung des Kurses im Schullokale bezogen.

Verzeichnis

der Schülerinnen für das Schuljahr 1889/90.

Die mit * bezeichneten sind im Laufe des Jahres ausgetreten.
Die in Klammern gesetzten Ortsnamen bezeichnen den Heimatort solcher Schülerinnen, deren Eltern zur Zeit anderswo wohnen.

Höhere Töchterschule.

I. Klasse.

1. Edith Attenhofer von Altstetten (Zurzach).
2. Justine Barrelet von Môtiers (Boveresse).
*3. Clara Bernheim von Zürich.
*4. Bertha Bion von Zürich.
5. Ottilie Blümner von Hottingen (Berlin).
*6. Jeanne Cornaz von Neuchâtel.
*7. Caroline Cottringer von Oberstrass (Philadelphia).
8. Martha Frankfurter von Stuttgart.
9. Julie Goldschmidt von Hottingen (Winterthur).
*10. Hedwig Kern von Riesbach.
11. Luise Knüsli von Glarus (Wetzikon).
*12. Bertha Meyer von Zürich (Stuttgart).
13. Anna Roner von Hottingen (Schuls).
14. Mathilde Siedler von Zürich (Hirslanden).
*15. Anna v. Steiner von Zürich.
16. Hedwig Steinmetz von Zürich.
17. Gretchen Susmann von Enge (New-York).
*18. Emma Wissmann von Zürich.
19. Erica Wunderly von Zürich.

II. Klasse.

1. Hedwig Arnold von Zürich.
2. Cesire Azzi von Lugano.

3. Frau A. v. Bargen von Wiesbaden.
4. Frieda Bebel von Dresden.
5. Marie v. Beust von New-York.
6. Julie Imhof von Fluntern (Basel).
*7. Johanna Hitzig von Hottingen (Burgdorf).
8. Else Kienast von Hottingen.
9. Toni Locher von Zürich.
10. Lydia Nürnberg von Unterstrass (St. Petersburg).
11. Elisabeth Ris von Hottingen (Riesbach).
12. Lina Ryf von Zürich.
13. Anna Seemann von Zürich.
14. Helene Staub von Riesbach.
15. Anna Steiner von Hottingen.
16. Martha Widmer von Zürich.
17. Clara Wild von Hottingen (Zürich).
18. Olga Wirz von Zürich.

Seminar.

I. Klasse.

A. Seminaristinnen.

1. Bertha Aeppli von Männedorf.
2. Emma Fliegner von Zürich.
3. Emma Geiser von Zollikon (Langenthal).
4. Bertha Güttinger von Zürich (Opfikon).
5. Marie Höchli von Döttingen (Klingnau).
6. Mina Keller von Fischenthal.
7. Anna Meister von Zürich.
8. Marie Meyer von Hottingen (Zürich).
9. Josephine Mundweiler von Dietikon.
10. Bertha Oehninger von Lauffen (Elgg).
11. Mathilde Suter von Hottingen.

B. Nichtseminaristinnen.

1. Lina Baiter von Zürich.
2. Lilly Bebie von Riesbach.
3. Martha Bebie von Riesbach.
4. Julie Bosshard von Hottingen.
5. Emilie Drossel von Fluntern (Frankfurt a/Main).

6. Anna Frei von Zürich.
7. Martha Gallati von Glarus.
8. Marie Hegi von Fischenthal (Zürich).
9. Ida Hinnen von Unterstrass (Rümlang).
10. Auguste Hirzel von Zürich.
11. Elisabetha Hug von Zürich.
12. Ida Jäggi von Zürich (Aarburg).
13. Betty Martmer von Hottingen.
14. Ida Meyer von Zürich (Niederflörsheim).
15. Anna Monhard von Hottingen (Schlatt, Thurg.).
16. Luise Nadler von Zürich (Frauenfeld).
17. Anna Nowacki von Fluntern (Samolenz).
18. Elsa Preuss von Zürich (Danzig).
19. Amélie Saxer von Enge (Aarau).
20. Cäcilia Schneider von Hottingen (Albisrieden).
21. Gertrud Weber von Riesbach (Zürich).
22. Mina Weilenmann von Fluntern (Knonau).
23. Fanny Züst von Zürich (Lutzenberg).
24. Frieda Vogel von Seebach (Zürich).
25. Emma Bucher von Zürich.
26. Hedwig Gysling von Zürich (Stäfa).

II. Klasse.

A. Seminaristinnen.

1. Bertha Badois von Zürich (Paris).
2. Emma Barbezat von Neuenburg.
3. Anna Fauster von Zürich.
4. Hedwig Fröhlich von Enge (Fischingen).
*5. Martha Landau von Zürich (Berlin).
6. Luise Oetiker von Stäfa (Männedorf).
7. Margaretha Overton von Fluntern (Chester).
*8. Frieda Schwarzenbach von Thalweil.
9. Jenny Strohecker von Hottingen (Zürich).
10. Therese Thomann von Hottingen (Mainz).
*11. Clara Vonrufs von Erlenbach.
12. Anna Weber von Pfungen.
*13. Carolina Petrolini von Brissago (Tessin).
14. Emma Jäger von Niederdorf (Süd-Tyrol).

B. Nichtseminaristinnen.

*1. Hedwig Ruhoff von Fluntern (Zürich).
2. Emilie Schweizer von Aussersihl.
3. Henriette Wassermann von Hottingen (Frauenfeld).

III. Klasse.
A. Seminaristinnen.

1. Lina Baumann von Fluntern.
2. Anna Fisler von Hottingen (Flaach).
3. Johanna Gut von Otelfingen.
4. Anna Himmel von Andelfingen.
5. Claudine Höpfner von Hottingen (Mogelsberg).
6. Maria Thomann von Hottingen (Mainz).
7. Ernestine Würth von Kreuzlingen (Lichtensteig).

B. Nichtseminaristinnen.

1. Emma Fritschi von Aussersihl.
2. Martha Hitz von Rüschlikon.
3. Emilie Schläpfer von St. Gallen.

IV. Klasse.
A. Seminaristinnen.

1. Elsa Hartung von Wittenberg.
2. Mila Hotz von Zug.
3. Johanna Kuhn von Riesbach (Illnau).
4. Frieda Lutz von Oberstrass (Thal).
5. Frieda Pfister von Zürich (Dübendorf).
6. Margaretha Schmid von Mollis.
7. Maria Troll von Winterthur.

B. Nichtseminaristin.

Amalie Frey von Enge (Basel).

Schulchronik.

I. Aufsichtskommission.

Präsident: Herr Paul Hirzel, Schulpräsident.
Mitglieder: » Prof. Dr. Schneider (Vicepräsident).
 » C. Escher-Hess.
 » Pfarrer Bion.
 » Usteri-Pestalozzi.
 » Stadtrath Koller.
 » Rektor Carl Weitbrecht.
 » Prorektor Dr. S. Stadler.
Aktuar: » F. Meyer, Sekretär der Stadtschulpflege.

Frauen-Kommission:

Präsidentin: Frau Regierungsrat Hagenbuch.
Mitglieder: » Stadtschreiber Spyri.
 » Prof. Baechtold.
(Die vierte Stelle ist durch Austritt von Frau Prof. v. Meyer - v. Hohenhau zur Zeit erledigt).

II. Schulorganisation.

Höhere Töchterschule. Für das Lateinische wurde ein erster und ein dritter Kurs eröffnet (als Fortsetzung des vorjährigen zweiten).

Für den Winter wurde eine Reihe von 12 öffentlichen Vorträgen veranstaltet. Herr Prof. Dr. W. Oechsli sprach über *neueste Geschichte:* 1) Metternich und Guizot. Der Sonderbund in der Schweiz, 1847. 2) Die Februarrevolution 1848. 3) Die Revolution in Deutschland, Österreich und Italien 1848. 4) Der Sieg der Reaktion 1848—49. 5) Napoleon III. und Nikolaus I. 1851—56. 6) Viktor Emanuel, Cavour und Garibaldi 1859—60. 7) Bismarck und die Fortschrittspartei. Schleswig-Holstein. 1864. 8) Der Krieg von 1866. 9) Der Sonderbund in Amerika, 1861—65. Napoleon III. und Mexiko 1861—67. 10) Der deutsch-französische Krieg bis Sedan (2. Sept. 1870). 11) Gambetta.

Das deutsche Kaiserreich (18. Januar 1871). 12) Der Kampf um den Balkan 1876—78.

Es nahmen teil 51 Schülerinnen, sowie 66 weitere Abonnenten. Einzelbillets wurden gelöst: 538. Gesamtertrag: 1198 Fr.

Seminar. Sämtliche Fächer wurden nach dem bestehenden Lehrplan erteilt.

Auch in diesem Jahr befanden sich Schülerinnen in den Seminarklassen, welche unter Dispensation von den für sie nicht erforderlichen Fächern und mit Benutzung des Lateinkurses an der höhern Töchterschule die nötige Vorbereitung auf die Maturitätsprüfung für die Hochschule gewinnen wollen.

III. Lehrerschaft.

Als Lehrer wirkten an den beiden Anstalten: Direktor Dr. K. Attenhofer (Gesang), C. Brun (Kunstgeschichte), Pfr. Dr. Furrer (Religion), G. Gattiker (Methodik und Schulkunde), Frl. S. Heim (Italienisch), Prof. F. Hunziker (Buchhaltung und Rechnen), Dr. L. Morel (Französisch), Prof. Dr. W. Oechsli (Geschichte), Prof. U. Schoop (Zeichnen), E. Pfyffer (Zeichnen), J. Roner (Mathematik), Prof. Dr. Schweizer-Sidler (Lateinisch), J. Spalinger (Turnen), Prorektor Dr. S. Stadler (Naturkunde und Geographie), Dr. Th. Vetter (Englisch und Deutsch), Rektor Carl Weitbrecht (Deutsch und Pädagogik).

Herr Prof. Dr. Schweizer-Sidler war einen Teil des Schuljahres durch Krankheit an der Erteilung des Unterrichtes verhindert und wurde durch Frl. S. Krauer vertreten. Herr Dr. Vetter, welcher durch Vorlesungen am Polytechnikum von Herbst an stärker in Anspruch genommen war, wurde im Englischen in Kl. II H. T. durch Frau Neumunz-Collins vertreten.

IV. Frequenz.

Im Schuljahr 1889/90 zeigten die beiden Anstalten folgende Schülerzahl:

Höhere Töchterschule.			Seminar.					Gesamtzahl.
Kl. I.	Kl. II.	Zusammen.	Kl. I.	Kl. II.	Kl. III.	Kl. IV.	Zusammen.	
19	18	37	39	17	10	8	74	111

Wohnort der Schülerinnen.	H. Töchterschule.	Seminar.
Stadt Zürich	16	31
Hottingen	11	15
Riesbach	5	6
Hirslanden	0	1
Fluntern	1	7
Enge	1	3
Oberstrass	1	1
Unterstrass	1	2
Aussersihl	0	2
Wiedikon	0	0
In andern Gemeinden	1	6
	37	74

Von den Schülerinnen der höheren Töchterschule sind in Pension: 7, wovon der Heimat nach kommen: auf den Kanton Neuchâtel 2, Glarus 1, Tessin 1, Deuschland (Württemberg und Sachsen) 2, Nordamerika 1.

Von den Seminaristinnen sind 23 in Pension, von welchen dem Wohnort der Familien nach angehören: 11 dem Kanton Zürich (Andelfingen 1, Dübendorf 1, Erlenbach 1, Fischenthal 2, Lauffen 1, Männedorf 1, Otelfingen 1, Pfungen 1, Stäfa 1, Winterthur 1); 9 andern Kantonen (Aargau 1, Basel 1, Glarus 2, Neuenburg 1, St. Gallen 1, Thurgau 1, Zug 1); 3 dem Ausland (Deutschland 1, Österreich 1, Türkei 1).

Frequenz des Seminars nach der bürgerlichen Heimat der Schülerinnen:

Stadt Zürich	16
Hottingen	3
Riesbach	2
Fluntern	1
Aussersihl	2
Andere Gemeinden des Kantons	20*
Andere Kantone	19**
Ausland	11***

* Albisrieden 1, Andelfingen 1, Dietikon 1, Dübendorf 1, Elgg 1, Erlenbach 1, Fischenthal 1, Flaach 1, Illnau 1, Knonau 1, Männedorf 3, Opfikon 1, Otelfingen 1, Pfungen 1, Rümlang 1, Rüschlikon 1, Thalweil 1, Winterthur 1.

** Aargau 3, Appenzell 1, Basel 1, Bern 1, Glarus 2, Neuenburg 1, St. Gallen 4, Tessin 1, Thurgau 4, Zug 1.

*** Deutschland 8, England 1, Frankreich 1, Österreich 1.

Frequenz des Seminars nach dem Wohnort der Familie der Schülerinnen:

Stadt Zürich	19
Hottingen	12
Riesbach	5
Fluntern	6
Enge	2
Oberstrass	1
Unterstrass	1
Aussersihl	2
Andere Gemeinden des Kantons	15 *
Andere Kantone	8 **
Ausland	3 ***

Ausgetreten sind im Laufe des Jahres aus der HT: 10; aus dem Seminar: 4; Gesamtzahl 14.

Frequenz der einzelnen Fächer der **höheren Töchterschule**:
Deutsch Kl. I: 17; Kl. II: 13.   Geschichte Kl. I u. II: 18.
Französisch Kl. I: 13; Kl. II: 10.   Geographie Kl. I u. II: 18.
Italienisch Kl. I: 11; Kl. II: 9.   Kunstgeschichte Kl. I. u. II: 14.
Englisch Kl. I: 11†; Kl. II: 11.   Zeichnen Kl. I u. II: 18.
Latein; I. Kurs: 5. III. Kurs: 4.
Pädagogik (mit Sem. II u. III gemeins.) Kl. I: 2; Kl. II: 2.

Ausser dem Fache der Pädagogik wurden von Schülerinnen der höheren Töchterschule am Seminar noch besucht: deutsche Grammatik Französisch, Botanik von je 2 Schülerinnen, Englisch, Chemie, Arithmetik, Geometrie, Singen von je einer Schülerin.

In Kl. I HT. (Gesamtzahl 19) besuchten 16 Schülerinnen 10 und mehr, 3 weniger als 10 Stunden, in Kl. II (Gesamtzahl 18) 13 Schülerinnen 10 und mehr, 5 weniger als 10 Stunden.

Das Seminar zählte an Schülerinnen

in Kl. I 39 (13 Seminaristinnen, 26 Nichtseminaristinnen);

in Kl. II 17 (14 Seminaristinnen, 3 Nichtseminaristinnen);

---

* Andelfingen 1, Dietikon 1, Dübendorf 1, Erlenbach 1, Fischenthal 2, Lauffen 1, Männedorf 1, Otelfingen 1, Pfungen 1, Rüschlikon 1, Stäfa 1, Thalweil 1, Winterthur 1, Zollikon 1.
** Aargau 1, Basel 1, Glarus 2, St. Gallen 1, Tessin 1, Thurgau 1, Zug 1.
*** Deutschland 1, Österreich 1, Türkei 1.
† Dazu aus Kl. II Sem. 11.

in Kl. III 10 (7 Seminaristinnen, 3 Nichtseminaristinnen);
in Kl. IV 8 (7 Seminaristinnen, 1 Nichtseminaristin).

Von diesen besuchten 5 das Fach des Lateinischen, in der Absicht, sich auf die Maturitätsprüfung an der Hochschule vorzubereiten.

V. Sammlungen.

Wiederum erhielten die wissenschaftlichen Sammlungen einen erfreulichen Zuwachs.

Die **Bibliothek** erreichte durch Anschaffungen und Geschenke einen Bestand von zirka 1430 Bänden. Nur ein Teil der Bücher ist zur Lektüre für die Schülerinnen bestimmt, während andere den Zwecken des Unterrichts dienen sollen.

Die **naturwissenschaftlichen** Sammlungen wurden durch folgende Anschaffungen bereichert: 6 Brendel'sche Blüthenmodelle; kleines Herbar von Alpenpflanzen; je ein Zweig mit Kaffeeblüthen und Kaffeefrüchten; 5 anatomische Tafeln von Hartinger; 1 Halbaffe und zahlreiche niedere Tiere aus der Sammlung des Hrn. Prof. Dr. C. Keller; schweiz. Mineralien von Jakob in Biel; Krystallmodelle aus Glas; eine Reibungselektrisirmaschine von Schurter.

Für das Fach der **Geographie** wurden angeschafft: 4 ethnogr. Bilder von Hartinger und 2 Hefte italienische Städtebilder.

Als bedeutendere Geschenke, die den naturwissenschaftlichen und geographischen Sammlungen und der Bibliothek zukamen, sind zu nennen: Von Hrn. Oberst Bürkli: Sämtliche diesjährigen Neujahrsblätter; von Hrn. Prof. v. Meyer-v. Hohenau: 2 Bändchen erklärenden Text zu der Sammlung von mikroskopischen Präparaten, mit welcher er uns im Vorjahre beschenkte; von Hrn. Prof. Dodel: mikroskopische Präparate; von Hrn. R., Chemiker: eine wertvolle Sammlung chemischer Utensilien, Glas- und Porzellanwaren, sowie von Chemikalien; von Hrn. Prof. Schoop: Gemalte Bilder aus Japan, sowie mehrere hundert Insekten samt 2 Insektenkasten; von Hrn. Roner: Bilder für die geographische Sammlung; von Frauen Witwe Eberhard in Hirslanden: 82 Chemikalien samt Fläschchen; von Hrn. Stadtrat Koller: Tierskelette; von unserer ehemaligen Schülerin Frl. Amalie Frei: ein Pacquet getrockneter Alpenpflanzen; von Frl. Elise Baag, ebenfalls ehemalige Schülerin: Meertiere von den englischen Küsten; von Hrn. Prof. Jäggi: eine Anzahl wertvoller botanischer Objekte, besonders Früchte; von der letztjährigen

IV. Seminarklasse anlässlich ihres Austritts aus der Anstalt: Hartinger und Dalla Torre, Atlas der Alpenflora, 4 Bände mit Text; von Frl. Carolina Petrolini in Brissago, gewesener Schülerin der Anstalt: diverse Früchte; von einer Schülerin aus III. S.: zahlreiche geographische Bilder, eine Steinnuss und ein konisch geschliffener Achat; von einer Schülerin aus II. S.: 1 Fascikel des Mannel de Conchyliologie par P. Fischer mit 46 Tafeln; zahlreiche kleinere Objekte von verschiedenen Schülerinnen und — last not least — von dem Tit. schweiz. Kommissariat für die Weltausstellung in Paris durch die freundliche Vermittlung des Hrn. Lehrer Bolleter zahlreiche botanische, mineralogische und ethnographische Objekte.

Sämtlichen Gebern sprechen wir unsern wärmsten Dank aus und empfehlen die Sammlungen dem fernern Wohlwollen der zahlreichen Freunde unserer Anstalt.

VI. Rückblick auf das letzte Schuljahr.

Im Frühjahr 1889 bestanden 3 Schülerinnen aus Kl. IV des Seminars mit gutem Erfolg die Maturitätsprüfung für die medizinische Fakultät. Die 7 übrigen unterzogen sich der staatlichen Lehrerprüfung und erhielten sämtlich die Note IV.

An der Vorprüfung nahmen 7 Schülerinnen der III. Seminarklasse Teil.

An unbemittelte Schülerinnen wurden nachfolgende Stipendien erteilt:

1) von der h. Erziehungsdirektion: 4 im Gesamtbetrag von 700 Frk.;
2) aus dem Fond der ehemaligen Landtöchterschule: 2 à 300 Frk.;

Am 4. Juni 1889 wurde mit der höhern Töchterschule und den beiden unteren Klassen des Seminars ein eintägiger Schulausflug ins Glarnerland gemacht, dessen Ziel die Ülialp war. Bei prächtigem Wetter und guter Laune verlief er zu allgemeiner Befriedigung. Die III. und IV. Seminarklasse führten nachfolgende 3 geologischen Exkursionen aus, die je 1 Tag in Anspruch nahmen: 1) am 4. Juni: Bäch — Einsiedeln — Steinbach im Eutal (Meeresmollasse, untere Süsswassermollasse, Eocen). 2) am 10. Juli: Baden — Hertenstein — Gebensdorf — Brugg (Jura; Bau einer Jurakette;

eingesunkener Schenkel einer Falte). 3) am 28. September: Luzern — Tellsplatte — Flüelen — Erstfelden (Gletschergarten, Bau des Rigi, Kreidemulden mit Eocen, Jurassisches der Alpen, Trias, Urgebirge).

VII. Repetitorien.

Die Repetitorien für beide Anstalten finden nach dem auf der Rückseite des Titels angebrachten Stundenplan Freitag den 21. und Samstag den 22. März im Grossmünsterschulgebäude statt.

VIII. Anmeldungen für den neuen Kurs.

Der neue Kurs beginnt Dienstag den 22. April — Anmeldungen für die h. Töchterschule von auswärts sind, von Geburtsschein und dem Zeugnis der zuletzt besuchten Schule begleitet, bis zum 18. April an Rektor Weitbrecht einzusenden. Anmeldungen von Schülerinnen aus Zürich und Umgebung werden Mittwoch den 16. und Samstag den 19. April, Nachmittags von 2—4 Uhr, in Nro. 23 des Grossmünsterschulgebäudes entgegengenommen. Geburtsschein und letztes Schulzeugnis sind dabei vorzuweisen. Solche, die an den genannten Tagen verhindert sind, sich persönlich oder durch ihre Angehörigen zu melden, haben vor Eröffnung des Kurses ihre Anmeldung schriftlich an den Rektor einzusenden. Programme der Anstalt können beim Abwart des Schulgebäudes bezogen werden, ebenso Formulare, welche zur schriftlichen Anmeldung zu benutzen sind. Schülerinnen, die schon die Anstalt besucht haben und nun aus Kl. I Sem. in Kl. I h. T. oder aus Kl. I h. T. in Kl. II h. T. übergehen, sind vermittelst eines Anmeldungsformulars ebenfalls neu anzumelden.

Die Aufnahmsprüfung für die h. Töchterschule, zu welcher sich alle einzufinden haben, die sich nicht durch befriedigende Zeugnisse über den Besuch der IV. Klasse einer Mädchensekundarschule ausweisen können, findet Montag den 21. April, Vormittags von 8 Uhr an, im Grossmünsterschulgebäude statt. Die Aufnahmsprüfung für das Seminar hat, wie gewöhnlich, schon am 10. März stattgefunden. Mit guten Zeugnissen versehene Schülerinnen, die sich nachträglich noch für eine der Seminarklassen melden, haben eine Probezeit von 8 Tagen zu bestehen, nach welcher über ihre definitive Aufnahme entschieden wird.

IX. Verzeichnis der Lehrfächer,

die im Jahr 1890/91 an der höhern Töchterschule erteilt werden *.

I. Klasse.
(Eintritt mit zurückgelegtem 16. Altersjahr.)

Deutsche Sprache (Rektor Weitbrecht) 4 St. — Geschichte der deutschen Literatur bis zum Schluss des 18. Jahrhunderts. Aufsatzübungen.

Franz. Sprache (Dr. L. Morel) 4 St.

Engl. Sprache (Dr. Th. Vetter) 3 St.

Italienische Sprache (Frl. Heim) 3 St.

Pädagogik (Rektor Weitbrecht) 2 St. (mit Kl. II Seminar). Geschichte der Pädagogik bis auf Pestalozzi.

II. Klasse.
(Eintritt mit zurückgelegtem 17. Altersjahr.)

Deutsche Sprache (Rektor Weitbrecht) 2 St. — Geschichte der deutschen Literatur im 19. Jahrhundert. Lesen von Proben.

Franz. Sprache (Dr. L. Morel) 4 St.

Engl. Sprache (Dr. Th. Vetter) 3 St.

Italienische Sprache (Frl. Heim) 3 St.

Pädagogik (Rektor Weitbrecht) 2 St. (mit Kl. III Seminar). Geschichte der Pädagogik seit Rousseau.

Für beide Klassen gemeinsam:

Geschichte (Prof. W. Oechsli) 2 St. — Neue Geschichte vom Zeitalter der Aufklärung bis 1871.

Kunstgeschichte (C. Brun) 2 St. mit Benützung der hiesigen Sammlungen. — Kunst und Künstler im 15., 16. und 17. Jahrhundert. Die grossen Meister Leonardo, Raffael, Michelangelo, Holbein, Dürer etc.

Geographie (Dr. S. Stadler) 2 St. — Spezielle Geographie der fremden Weltteile **.

Naturkunde (Dr. S. Stadler) 2 St. — Je nach dem Wunsch der Mehrzahl der Schülerinnen Chemie, Physik oder Botanik. In den beiden ersten Fächern sollen die Bedürfnisse des praktischen Lebens besondere Berücksichtigung finden.

Zeichnen (E. Pfyffer) 4 St. — Zeichnen von Ornamenten, Blumen (auch Malen), Landschaften, Zeichnen nach Vorlagen und nach

---

* In Betreff der Lehrgegenstände der einzelnen Fächer wird, soweit sie hier nicht näher bezeichnet sind, auf die pag. 27 ff. gegebene Übersicht hingewiesen
** oder auch je nach Wunsch der Schülerinnen: Europa.

dem Gipsmodell nach freier Auswahl. Kann auch nur in zwei Stunden besucht werden.

NB. Sämtliche Fächer werden nur bei einer Beteiligung von mindestens 10 Schülerinnen gegeben. Siehe übrigens das Reglement pag. 40.

Schülerinnen der höhern Töchterschule steht es frei, soweit der Stundenplan es gestattet, auch Fächer des Seminars, z. B. deutsche Grammatik in Kl. II Sem., Poetik in Kl. I Sem., Latein, Geschichte, Botanik, Zoologie, Chemie etc. zu besuchen, doch nur, sofern sie sich zu regelmässigem Besuch der Stunden und zur Lösung der gegebenen Aufgaben verpflichten.

Die Eröffnung des neuen Kurses, zu welcher sich sämtliche Schülerinnen beider Anstalten einzufinden haben, findet **Dienstag den 22. April,** Vormittags 8 Uhr, im Singsaal des Grossmünsterschulhauses statt.

Zürich, den 15. März 1890.

Carl Weitbrecht, Rektor.
Dr. S. Stadler, Prorektor.